Stell Dir vor, Du bist Kind - und es ist Krieg

Stell Dir vor, Du bist Kind - und es ist Krieg

Stell Dir vor, Du bist Kind - und es ist Krieg

Herstellung und Verlag:
Books on Demand GmbH, Norderstedt
ISBN **9783842376823**
Bibliografische Information der Deutschen Nationalbibliothek

Covergestaltung: Petra Gutkin
Kontakt: **Kinderschmoeker@genial.ms**
www.kinderschmoeker.de

Mein Vater lässt seine Familie und andere interessierte Menschen an einem Lebensabschnitt teilhaben, der einer der gefahrvollsten war, den er erlebt hat. Berührt schrieb ich seine Erinnerungen auf, die uns ein besseres Verständnis für seine diversen Entscheidungen geben. Zum Beispiel verstehen wir jetzt, warum mein Vater im Winter in einer kurzen Hose Schnee schippt.

DANKE – wir lieben Dich

Margarete

Petra und Ulrike

Liron, Gilon und Dennis

Shay

sowie *Sebastian* und *Henry*

Inhaltsverzeichnis

Überfall auf Polen	Seite	8
Volksempfänger		9
Mein Onkel Peter, der Kommunist		11
Erste Fliegerangriffe		13
Schulessen		15
Ich wurde ein Pimpf		16
Hummeln im Hintern		21
Flakessen gemopst		23
Kinderlandverschickung nach Kitzingen		25
Umzug in die Innenstadt		30
Die schwärzesten Zähne		32
Mein Bruder auf der Eisscholle		37
Schwimmen im Main		39
Pfefferminzblätter-Ernte		39
Zurück nach Düsseldorf		40
Wir wurden ausgebombt		42
UT-Ware		51
Für Brot gebettelt und gearbeitet		52
Mein Flaksplitter-Brieföffner		53
Bombe trifft Krankenhaus		57
Fliegeralarm in der Luisenschule		57
Kinderlandverschickungs-Lager im Erzgebirge		59
Übermut tut selten gut		61
Streich gegen den Lagermannschaftsführer		64
Pateneltern		66
Spielen auf der Freilichtbühne		67
Führernachwuchslager		68
Sportschule Dresden Tolkewitz		69

Besuch in Thüringen – mein Vater erzählte nur die Wahrheit   Seite   70

Sportfeste   74

Quark an die Decke schießen   76

Flucht aus dem Erzgebirge   77

Angriff auf Kassel   82

Versteck im Keller   89

Militärfahrzeug Richtung Venlo   91

Pferdefleisch   94

Schuss mit der Panzerfaust   96

Trümmerberg – Monte Klamotte   102

Wegen Winterporree unter Beschuss   103

Amerikaner kommen in die Stadt   106

Ich hole meinen Bruder nach Hause   106

Öl im Hafen   113

Plündern nicht getraut   115

Zum Stoppeln auf die andere Rheinseite   115

Schwarzmarkt   117

Trümmerverwertung nach Kinderart   118

Phosphorbombe – nicht nur gefunden   119

Hamstern bei Oldenburg   120

Zum Kohlenklauen nach Derendorf   124

Hinrichtung auf der Bismarckstraße   125

Malerlehre   126

Der Chefkoch I   128

Es geht wieder bergauf   130

Der Chefkoch II   131

Nachwort   133

Auszug aus dem Stadtarchiv Düsseldorf   134

7

Mit dem Überfall der deutschen Wehrmacht auf Polen beginnt am 1. September 1939 der Zweite Weltkrieg.

Zu diesem Zeitpunkt war ich ein unbeschwertes achtjähriges Kind, das zweite von später insgesamt sechs Geschwistern. Zum Ende des Schuljahres wurde mir ein sehr gutes Zeugnis ausgestellt, das ich stolz meinen Eltern präsentierte. Die Versetzung in die höhere Klasse brachte einen Schulwechsel mit sich. Wurde ich im April 1938 in die Schule an der Sonnenstraße eingeschult, so besuchte ich von nun an die Schule an der Helmholtzstraße.

Als ich an einem heißen Spätsommertag nach Hause kam, traf ich meine Onkel Lambert und Willi zu Hause an. Mein Zuhause, war in Düsseldorf, im Stadtteil Oberbilk. Einem Arbeiterviertel, in dem die stahlverarbeitende Industrie, und somit auch die Rüstungsindustrie, angesiedelt waren. Mit meinen Eltern, und meinen Geschwistern, bewohnte ich eine Dreizimmer-Parterre-wohnung eines Mietshauses, auf der Dreieckstraße elf, nicht weit vom Hauptbahnhof entfernt.

Meine Mutter war ebenfalls in einer kinderreichen Familie aufgewachsen. Sie hatte sechs Brüder und eine Schwester. Die beiden Brüder meiner Mutter, die ich nun zu Hause antraf, waren die jüngsten. Sie wollten sich verabschieden. Sie waren dem Reichsarbeitsdienst verpflichtet und mussten von nun an in einer weit entfernten Kaserne Hilfsarbeiten leisten, in der sie auch wohnen und verpflegt würden. Seit 1935 musste jeder junge Mann zwischen achtzehn und vierundzwanzig Jahren eine sechsmonatige Arbeitspflicht im Rahmen des sogenannten Reichsarbeitsdienstes leisten.

Während des Krieges mussten Jugendliche sogar ab dem sechzehnten Lebensjahr, und länger als sechs Monate, den Reichsarbeitsdienst leisten. Die jungen Männer wurden gegen Ende des Krieges auch als Flaksoldaten eingesetzt. Also als Soldaten, die eine Fliegerabwehrkanone gegen angreifende Flugzeuge abfeuern mussten.

Ins Leben gerufen wurde der Reichsarbeitsdienst von der NSDAP, der Nationalsozialistischen Deutschen Arbeiterpartei, deren Parteivorsitzender von 1921 bis 1945 Adolf Hitler war. Eine politische Bewegung, die unter anderem gegen die jüdische Religion, gegen die Demokratie und gegen den Kommunismus war. Die Nationalsozialisten wurden kurz „Nazis" genannt.

Volksempfänger

Einige Tage später verabschiedeten sich meine Onkel Franz, August, Theo und Karl, alles Brüder meiner Mutter, ebenfalls von uns. Auf meine Frage, wo sie denn hingingen antworteten sie mir, dass sie als Soldaten in den Krieg ziehen müssten.
Ich sollte meinen Onkel Theo und Karl nie mehr wiedersehen, ebenso noch zwei weitere Brüder meiner Mutter.

Ich hatte im sogenannten Volksempfänger, einem Radiogerät, manchmal die Sondernachrichten gehört, auf die zuvor mit einer bestimmten Melodie aufmerksam gemacht wurde.
Einen Volksempfänger hatte fast jeder zu Hause. Damit wurden Unterhaltungsmusik und politische Reden übertragen.
Er wurde Anfang der dreißiger Jahre zu Werbezwecken für die Nationalsozialistische Deutsche Arbeiterpartei, also der NSDAP, in großer Stückzahl serienmäßig hergestellt und billig verkauft. Somit

sollte jede Familie von den Zielen der Partei überzeugt werden. Wir besaßen ein batteriebetriebenes Gerät.

Später gab es eine Verordnung, die bei Androhung von härtesten Strafen, bis hin zur Todesstrafe, das Hören von anderen Sendern, also von Feindsendern, verbot.
Berichte über Erfolge, die die deutschen Soldaten errungen haben, waren glaubwürdig. Bis Mai 1940 war keine einzige Bombe auf Düsseldorf gefallen.

Ab 1940 wurde auch im Kino in der *Deutschen Wochenschau*, die vor jedem Hauptfilm gezeigt wurde, über die Eroberungen der deutschen Soldaten berichtet. Als Kinder fanden wir es toll, dass die Soldaten so mächtig dargestellt wurden und dass sie so siegreich für uns alle kämpften.
Genau das beabsichtigte die NSDAP.

Mein Vater wurde nicht eingezogen, weil er bei Kämpfen im ersten Weltkrieg schwer verwundet wurde und noch immer unter den Folgen litt.

Mein Onkel Peter, der Kommunist
Mein Onkel Peter musste ebenfalls weg. Doch nicht als Soldat an die Front, sondern wegen seiner kommunistischen Einstellung als *Politischer Gegner* in ein KZ. *KZ* ist die Abkürzung für *Konzentrationslager,* einer Art Gefangenenlager, in dem nicht erwünschte Volksgruppen, sowie auch politische Gegner, gefangen gehalten und misshandelt wurden.

Mein Onkel Peter gehörte zu den wenigen Leuten, die der Partei nicht blind gehorchten und sich mit seiner Meinung nicht zurückgehalten hat.

So hat er zu Beginn des Krieges mit Kollegen und Bekannten in einer Kneipe namens *Völsch* am Worringer Platz öffentlich über die Politik diskutiert.

Der Worringer Platz war zu dieser Zeit ein gern besuchter Ort. In der Mitte des Platzes befand sich ein großer Pavillon. Sein Dach mündete in einen hohen Turm, auf dem der so genannte *Kiepenkerl* stand, eine männliche Statue, die eine Kiepe, also eine Art Rucksack, auf dem Rücken trug.

© Stadtarchiv der Landeshauptstadt Düsseldorf - Sign.: 034-920-003
Fotograf: Julius Söhn

Um den großen Platz herum reihten sich Kneipen und Lokale aneinander. Vom Oberbilker Stahlwerk oder von der Rüstungsfirma Schiess, die an der Erkrather Straße produzierte, kamen die Arbeiter nach Feierabend scharenweise über den Platz, um in den umliegenden Kneipen einzukehren und zu diskutieren. Auch zwei meiner Onkel haben bei der Rüstungsfirma *Schiss* gearbeitet.

Am nächsten Tag wurde mein Onkel Peter am Worringerplatz in einer Kneipe verhaftet. Mein Opa, also sein Vater, erfuhr von Arbeitskollegen, dass er in ein KZ gebracht wurde.

Viel später, kurz vor Kriegsende, hat meine Mutter die Nachricht erhalten, dass ihr Bruder, mein Onkel Peter, auf dem Hof des KZs Buchenwald mit Gewehrkolben erschlagen wurde. Er war wegen Unterernährung körperlich sehr geschwächt und konnte die ihm aufgetragenen Arbeiten nicht mehr so schnell erledigen. Als er unter einer schweren Last auf dem Hof des KZs zusammenbrach, haben die Aufseher so lange auf meinen im schlammigen Boden liegenden Onkel Peter eingeprügelt, bis er tot war.

Auch mein Vater und meine anderen Onkel waren Kommunisten. Doch haben sie es, um die Familie zu schützen, nicht lauthals kundgetan.

Erste Fliegerangriffe
Die ersten Fliegerangriffe mit fünfunddreißig Bombern flog die englische Royal Air Force in der Nacht vom 11. auf den 12. Mai 1940. Die Bomben fielen auf Mönchengladbach.
Doch das wurde in den offiziellen Nachrichten verschwiegen.

In der Schule lernten wir Lieder, die mit dem Krieg und den Soldaten zu tun hatten.
In der Schule erlebte ich auch meinen ersten Bombenangriff am 15. Mai 1940.

13

Wir hatten Unterricht, als der Fliegeralarm mit seinem grauenvollen an- und abschwellenden Heulton losging, weil feindliche Flieger aus westlicher Richtung gemeldet wurden. Der schaurige Fliegeralarm dauerte eine Minute.

Wie oft ich vorher schon wegen Fliegeralarm in den Keller oder einen Luftschutzbunker geflüchtet bin, kann ich gar nicht mehr sagen.
Wenn Fliegeralarm ertönte, musste das nicht gleich einen Bomben-angriff auf unsere Stadt bedeuten. Fliegeralarm war eine Warnung auf einen eventuell bevorstehenden Angriff, da die feindlichen Flug-zeuge entweder noch abdrehen konnten, oder Düsseldorf ohne eine Bombe abzuwerfen, überflogen.

Wir waren also an Fliegeralam gewöhnt. Trotzdem haben wir schnellstens unsere Tornister gepackt und sind in den Keller der Schule geflüchtet.
Die Tornister nahmen wir mit, damit wir vom Keller aus gleich nach Hause gehen konnten, falls der Fliegeralarm über den Schulschluss hinaus andauerte.
Die einzelnen Kellerräume waren als Luftschutzräume hergerichtet und groß genug, dass alle Schüler und Lehrer darin Platz hatten. Die Lehrer waren dafür verantwortlich, dass alle Kinder in den Keller gingen und die Türen verschlossen waren. Es handelte sich um so-genannte Luftschutztüren. Diese ungefähr sieben Zentimeter dicken Eisentüren mit speziellen Verriegelungshebeln hielten den Druck-wellen der Bomben stand und konnten einen Brand aufhalten. So hockten wir also, wie schon so oft, im Schulkeller und warteten da-rauf, dass die Sirenen den langgezogenen Ton der Entwarnung von sich gaben.

Endlich war es soweit und die Lehrer schickten uns nach Hause.
Dort angekommen erzählte meine Mutter mir, dass in der Nachbarschaft, auf der Apollinarisstraße, eine Bombe in ein Haus eingeschlagen war und den Dachstuhl beschädigt hat.
Den kaputten Dachstuhl haben wir uns natürlich von der gegenüberliegenden Straßenseite aus angeschaut.

Diese ersten über Düsseldorf abgeworfenen Sprengbomben trafen
den Stadtteil Oberbilk, wo ich zur Schule ging und wo mein Elternhaus stand. Ferner wurde auch der Stadtteil Flingern von den ersten
Bomben getroffen

Zu Beginn des Krieges ist mal hier oder da eine Bombe gefallen.
Das hat irgendwie niemand so richtig ernst genommen. Einige Menschen aus der näheren Umgebung kamen sogar extra in die Stadt,
um die Bombenschäden zu bestaunen, oder um einmal bei einem
Fliegeralarm dabei zu sein. Im Volksempfänger wurde ja immer nur
berichtet, dass Deutschland so mächtig ist. Man kann das nicht ver-
gleichen mit 1942 bis 1945. Da wurden die deutschen Städte syste-
matisch komplett vernichtet, und die Menschen hatten kaum mehr
Möglichkeiten, Schutz zu finden. Die meisten Gebäude waren zerstört und oft folgte der Angriff auf einen Fliegeralarm so knapp, dass
es kaum möglich war, einen schützenden Bunker zu erreichen.

Schulessen
Die Versorgung mit Lebensmitteln wurde immer spärlicher.
In der Schule wurde sogenanntes Klassenessen verteilt. Oft bin ich
mit einem Mitschüler los gegangen, um den schweren Kübel mit der
Knäckebrotsuppe zu holen. Diese Suppe bestand aus warmer Milch
mit darin aufgeweichtem Knäckebrot. Einer rechts, einer links, trugen

wir den Bottich in unser Klassenzimmer und stellten ihn auf einen kleinen Tisch neben dem Lehrerpult. In der Pause bekam jeder eine Kelle Suppe in seinen mitgebrachten Behälter. Milch oder Kakao gab es jeden Tag dazu.

Manchmal gab es noch Vitamintabletten. Ein beliebiger Schüler ging dann mit einem kleinen Teller voll Tabletten durch die Reihen der Schulbänke, um sie zu verteilen.

Es kam öfter vor, dass dem Schüler ein Beinchen gestellt wurde. Wenn er Glück hatte, landeten nur die Tabletten auf dem Boden, nachdem sie in hohem Bogen durch die Klasse flogen.

Augenblicklich fielen wir anderen Schüler von den Schulbänken und grabschten so viel Tabletten wie nur möglich vom Boden auf. Sogleich stopften wir sie in den Mund, um damit das ständige Hungerfühl zu unterdrücken.

Der Lehrer wollte zwar immer wissen, wer das war, doch meistens bekam er es nicht heraus. Ich denke, dass er eine Art Verständnis dafür aufbrachte. Es gab auf jeden Fall keine Strafe dafür.

Ich wurde ein Pimpf

Mittlerweile besuchte ich die Knaben-Mittelschule auf der Luisenstraße. Die Mittelschule war eine Vorbereitung für das Gymnasium, heute vielleicht vergleichbar mit einer Realschule. Das Schulgeld, welches für diese Schulform verlangt wurde, ist mir wegen guter Leistungen erlassen worden. Ich bekam sozusagen ein Stipendium.

Meine Eltern bekamen einen schriftlichen Bescheid der Partei, dass ich mich zu einem bestimmten Termin auf dem Höherweg vorstellen sollte. Bei der angegebenen Adresse, gleich an der Ecke zur

Kettwiger Straße, handelte es sich um eine Art Einkleidungskammer, in der ich einige Bekleidungsstücke erhalten sollte.

Am besagten Datum erhielt ich dort, zwischen abgestellten Fahrrädern und Mopeds der Reichspost, meine Uniform, deren Empfang ich ordnungsgemäß quittieren musste. Außerdem erfuhr ich, dass ich zur Einheit *Fähnlein 48 und Bann 39* gehörte.

Meine erste eigene Uniform:

- Eine schwarze kurze Cordhose, die eine Handbreit über dem Knie endete.
- Ein schwarzer Ledergürtel, der durch Gürtelschlaufen gezogen wurde.
  Das war etwas Besonderes, da Hosen normalerweise mit Hosenträger gehalten wurden. Vorne wurde er mit einem silberfarbenen Koppelschloss, einer Gürtelschnalle besonderer Art, geschlossen.
- Graue Kniestrümpfe, die meist bis unter Knöchelhöhe herabgerollt wurden.
- Ein braunes Hemd, deren Ärmel im Sommer hochgerollt wurden, mit schwarzen Schulterklappen und darauf die dazugehörige Nummer 48.
- Ein schwarzer Schulterriemen, der diagonal über Brust und Rücken lief und am Koppel, dem Hosengürtel, befestigt war.
- Eine schwarze Schildmütze für den Winter.
- Ein brauner Lederknoten für das Halstuch.
- Ein schwarzes Halstuch.
  Dieses wurde zuerst zu einem Dreieck zusammengelegt, dann hielt man die Ecken fest und rollte das Tuch schwungvoll auf. In dieser Form legte man sich das Tuch um den

17

Hals, stopfte vor der Brust die beiden Enden durch den braunen Lederknoten und schob den Knoten wie einen Krawattenknoten bis zum Hals. Hinten wurde das Tuch bis auf ein kleines Dreieck unter den Kragen geschoben.

Da ich mein Interesse zum Spielen einer Fanfarentrompete bekundete, bekam ich auch eine. An dieser hing eine schwarze Fahne, auf der ein Zeichen, ähnlich wie ein weißer Blitz, gestickt war. Das *Probeblasen* machte ich so gut, dass ich die Fanfare beim zukünftigen Marschieren spielen durfte.

Einige Male vor dem ersten Antreten und später zwei Mal in der Woche, haben wir Pimpfe uns mit dem Fähnleinführer in einer Schule zum Üben getroffen.
Das heißt, die Pimpfe, die kein Instrument spielten, wurden auf dem Schulhof im Verlauf aufgestellt. Die großen Kinder standen vorne und die kleinsten hinten.

Die Pimpfe, die entweder eine Fanfare oder eine Trommel spielten, übten in der Turnhalle. Für die Musiker war das Üben sehr wichtig.

Wir übten nicht nur das Spielen der Musikinstrumente, sondern auch den richtigen Einsatz. Beim Marschieren trugen wir die Fanfaren waagerecht wie eine Tasche in der rechten Hand in Höhe des Oberschenkels. Hat jemand aus der Gruppe ein verabredetes Zeichen gegeben, stellten wir die Fanfare auf den rechten Oberschenkel auf und kurz danach wurde das Mundstück angesetzt und gespielt.

Von nun an musste ich und andere Jungen jeden Samstag pünktlich um zwei Uhr mittags zum Appell am Schlegelplätzchen antreten.

Endlich war der Tag des ersten Antretens da. Der Fähnleinführer hat uns zunächst begrüßt.

Vierundsechzig aufgeregte Kinder, alle in Uniform, davon acht mit Fanfaren und acht mit Trommeln.

Da wir fleißig geübt hatten, konnten wir uns problemlos aufstellen. Ein jeder wusste, wer seine Nachbarn waren.

Der Fähnleinführer hat mit einer Trillerpfeife gepfiffen. Das war das Signal für uns zum Antreten.

Wir verließen die Sammelstelle auf dem Schlegelplätzchen und formierten uns auf der Eisenstraße, die um den Platz herum verlief, Richtung Bandelstraße (heute Vulkanstraße). Immer vier Kinder in einer Reihe. Vorweg die Trommler, dahinter die Fanfarenspieler und dahinter die anderen.

Dann ertönten die nächsten Kommandos des Fähnleinführers: „Fähnlein stillgestanden! Die Augen geradeaus! Rührt euch zum Uniformappell!"

Der Fähnleinführer kontrollierte die Anwesenheit. Anwesenheit war Pflicht. Die Familie eines Pimpfes, der unentschuldigt fehlte, bekam zur Strafe reduzierte Lebensmittelkarten. Ohne Lebensmittelkarten konnte man keine Lebensmittel kaufen und hatte somit nichts zu essen.

Ich war immer pünktlich auf dem Platz. Auch die anderen Kinder kamen lieber zu früh als zu spät, weil der Fähnleinführer sehr streng zu uns war.

Nun kontrollierte er stichprobenartig den Sitz der Uniformen. Dazu ging er durch die Reihen und meckerte hier und da an Kleinigkeiten herum. Peinlichst genau hat er zum Beispiel darauf geachtet, dass der dicke Lederknoten am Halstuch richtig sitzt.

© Bundesarchiv Bild - 146-1978-062-24 – Fotograf: ohne Angabe

Nun erschallten die Kommandos: „Fähnlein stillgestanden! Richtet Euch! Augen geradeaus! Fähnlein rechts um! Abteilung Marsch!"

Endlich ging's los. Richtung Bandelstraße zum Rundmarsch durch Oberbilk.

Sollte ein Lied gesungen werden, rief der Junge rechtsaußen im ersten Glied: „Ein Lied!"
Schnell wurde nach hinten durchgegeben, welches Lied gesungen werden sollte. Der Einsatz erfolgte dann durch Handzeichen.
Der Spielmannszug verwendete das gleiche System.

Der Marsch, der geblasen werden sollte, wurde vom rechten Vordermann bekannt gegeben.

Dann gab er noch folgende Kommandos:
„Kommando eins!"

Das bedeutete, die Fanfahrentrompete auf dem Oberschenkel aufzusetzen.
„Kommando zwei!"

Das bedeutete, Mundstück auf die Fanfare aufsetzen und zugleich am Mund zum Blasen ansetzen.

Mit einem Handzeichen wurde das Signal zum Einsatz gegeben. Auch die Trommler richteten sich danach.

Fröhliche Lieder spielend sind wir ungefähr zwei Stunden lang als Einheit durch den Stadtteil Oberbilk marschiert – vorweg die Pimpfe mit den Musikinstrumenten.

Die Fenster rechts und links in den Straßen öffneten sich und die Leute jubelten uns zu. Das war schon ein tolles Gefühl.

Hummeln im Hintern
An einem Samstag hatte ich irgendwie Hummeln im Hintern.
Ich stand hinter einem der anderen Fanfarenbläser. Ich kann mich nicht mehr erinnern, wer das war. Ohne dass er es bemerkte, habe ich ihm den Haken vom Schulterriemen hinten am Koppel (Gürtel) gelöst. Dann habe ich ihm *versehentlich* auf den Fuß getreten. Ich dachte mir, dass er sich bücken wird, um den Schmutz von den

blank geputzten Schuhen zu entfernen. In dem Moment, als er sich planmäßig zu seinen Schuhen beugte, rutschte der Schultergürtel runter. Er fand schnell heraus wer daran schuld war. Es entstand ein heftiges Wortgefecht zwischen uns, während er den Gurt wieder am Koppel befestigte. Nun saß alles wieder wie vorher. Doch mitten in unserem Wortstreit mussten wir antreten.

Der Fähnleinführer, der darauf aufmerksam geworden war, kam auf uns zu und brüllte: „Was ist hier los!?"

Der Junge berichtete: „Der Peter hat mir hinten den Schulterriemen gelöst."

Der Fähnleinführer trat vor mich und fragte streng: „Hast du den Schulterriemen gelöst?"

„Ja", sagte ich kleinlaut. „Entschuldigung, ich weiß auch nicht, was in mich gefahren war."

Er drohte mir mit unangenehm ruhiger Stimme: „Du hörst noch von mir."

Dann schrie er an alle: „Ein Lied!"

Es wurde schnell nach hinten durchgegeben, was gesungen werden sollte und wir marschierten los. Dabei sang die ganze Schar laut ein frohes Lied.

Als wir nach ungefähr zwei Stunden von unserem Marsch zurück-kamen, bekam ich die Order, mich ein paar Tage später wieder auf dem Höherweg zu melden, um meine Strafe zu erfahren.

Ich fand mich also pünktlich dort ein und erfuhr, dass ich fünfzig Kniebeugen mit einer umgehängten Trommel machen sollte. Dafür musste ich mich einige Tage später beim Fähnleinführer Kirsch, auf der Mintropstraße zehn, melden.

Am besagten Tag stand ich mit zwei weiteren *Bösewichten* beim Fähnleinführer vor der Tür. Er holte uns in seinen Keller, in dem er sich eine Art Büro eingerichtet hatte. Nacheinander musste sich jeder eine Trommel umhängen und fünfzig Kniebeugen machen. Zum Glück durfte ich zwischendurch eine Pause einlegen.

Nachdem die ersten Bomben auf Düsseldorf gefallen sind, war das Antreten als Pimpf nicht mehr Pflicht. Lebensmittelkarten wurden trotzdem an unsere Familien ausgegeben.

Flakessen gemopst

In Düsseldorf standen sogenannte Flaktürme verteilt, auf denen Fliegerabwehrkanonen, kurz Flak genannt, zum Einsatz kamen. Die Flaktürme waren ungefähr dreißig Meter hoch. Ringsum, knapp unter dem flachen Dach, war ein Fangnetz angebracht, das die Munitionshülsen auffangen sollte, damit sie nicht auf die Straße fielen. Auf dem Dach waren Vierlingsgeschütze montiert.

Mittags wurde den Flaksoldaten, die im Turm auch ihre Zimmer hatten, in großen Kübeln eine warme Mahlzeit mit einem großen Wagen gebracht. Wenn wir rechtzeitig Schule aus hatten, sind wir zum nächstgelegenen Flakturm gelaufen. Der stand in der Nähe des Bahnhofs, auf der Bandelstraße (heute Vulkanstraße). Dort haben wir uns hinter einer Ecke der Dreieckstraße versteckt. Wir setzten uns auf den Bordstein und warteten. Und zwar auf den Wagen, der das Essen für die Flaksoldaten bringen würde.

Als der Fahrer die Kübel mit dem Essen vor dem Turm abgestellt hatte, ist er zügig weitergefahren, um noch andere Flaksoldaten zu versorgen.

Das war unsere Gelegenheit. Rasch sind wir zu den Kübeln gelaufen und haben uns so viel Essen dort rausgenommen, wie wir greifen konnten.

Die Flaksoldaten schrien von oben: „Bleibt ihr wohl davon. Das ist unser Essen. Verschwindet!"

Doch wir haben jedes Mal etwas zu Essen erwischt, wenn wir es darauf abgesehen hatten. Bis die endlich mal unten waren, um die Kübel an einen Flaschenzug zu hängen und hochzuziehen, hatten wir schon längst etwas daraus gemopst und das Weite gesucht.

Die meist jungen Flaksoldaten wurden fast alle während der Luftangriffe von den Piloten der Begleitjäger, die zum Schutz der großen Bombengeschwader mitgeflogen sind, erschossen.

Kinderlandverschickung nach Kitzingen
Kurz vor den Sommerferien 1942, ich war zehn Jahre alt, besuchte eine Delegation der NSDAP die Knaben-Mittelschule an der Luisenstraße. Wir wurden gefragt, wer in eine sogenannte *Familienpflegestelle* weit weg von der Großstadt Düsseldorf möchte. Ein Mann von der Partei erklärte uns, dass dort keine Bomben fallen und es für uns genug zu essen gibt. Auch könne man nachts durchschlafen, ohne einen Fliegeralarm zu erleben.

Da ich ständig Hunger hatte und große Angst vor den Bombenangriffen, war ich heilfroh, dass sich eine solche Möglichkeit bot, aus der Stadt wegzukommen. Oft genug hatte ich erlebt, welche Zerstörungskraft in den Bomben steckte und wie viele Menschen bei den Luftangriffen ihr Leben verloren haben.

Mehr als die Hälfte meiner Klassenkameraden hat sich gemeldet, um in ein nichtbombengefährdetes Gebiet gebracht zu werden.

Kurze Zeit später besuchte eine Frau im Auftrag der Partei meine Eltern zu Hause. Sie informierte sie darüber, dass ich nach Main/Franken reisen könnte und bat um ein Einverständnis. Die Frau schlug vor, dass mich mein jüngerer Bruder Karl begleiten sollte. Meine Eltern willigten unter der Bedingung ein, dass mein Bruder und ich zusammen reisen und wir in der gleichen Pflegefamilie untergebracht werden. Das wurde ihnen zugesichert.

Der Tag des Abschieds war schnell da.
Meine Mutter packte mir und meinem Bruder je einen Pappkarton mit Bekleidung und band eine dicke Kordel drumherum.
Dann brachten meine Eltern uns zum Bahnhof. An meinem Hals baumelte ein Schild, auf dem mein Name und der Bestimmungsort zu lesen waren. Auch die anderen Kinder trugen ein solches Schild. Wie Pakete wurden wir verschickt.

Beim Bahnsteig angekommen, wartete ein Sonderzug hinter einer dampfenden und zischenden Lokomotive auf uns. Auf einem Schild an der Seite eines Waggons war das Fahrtziel angegeben: *Kitzingen*. Es herrschten tumultartige Zustände. Ich schätze, fast zweihundert Kinder sollten den Zug besteigen. Die meisten Kinder und Mütter weinten herzzerreißend.
Ich dachte, ‚hoffentlich explodiert die Lok und wir müssen nicht weg‘.
Ich wollte bei meiner Familie bleiben.

Eine Frau vom Deutschen Roten Kreuz führte meinen Bruder und mich in den Zug. Traurig setzten wir uns auf unsere Plätze. Als der Zug sich an diesem Morgen endlich in Bewegung setzte, konnten wir vor lauter Kummer noch nicht einmal unseren Eltern winken. Noch lange war das Weinen und Schluchzen von uns und den anderen Kindern zu hören.

Mit der Zeit siegte jedoch die kindliche Neugier auf das Neue. Mein Bruder und ich spazierten durch den Zug, wie viele andere Kinder auch. Man kam schnell mit ihnen ins Gespräch und wir wären keine Kinder gewesen, wenn wir nicht nach einiger Zeit durch die Waggons gesprungen wären.

Die Frauen vom Deutschen Roten Kreuz haben uns toben lassen. Jedoch begleiteten sie jeden Einzelnen bis zur Toilette, um darauf zu achten, dass niemand aus dem kleinen Fenster sprang. Die Tür musste beim Verrichten des Geschäftes immer einen kleinen Spalt offen bleiben.
Auch ein Waggon voller Lebensmittel und Getränke gehörte zum Zug. So oft wir wollten, konnten wir in den Speisewagen gehen und bekamen Essen und Getränke. Das tröstete ein wenig.

Nach schätzungsweise acht Stunden Fahrtzeit, kam der Zug am Abend in Kitzingen an.
Eine aufgeregte Kinderschar verließ den Zug und wurde von den Pflegeeltern und einigen Leuten, die die braune Uniform der Partei trugen, erwartet.

Als mein Bruder und ich zwischen den anderen Kindern mit unseren Kartons auf dem schönen Bahnhofsvorplatz standen, wurden die Pflegeeltern nacheinander aufgerufen.

„Frau Kurtzwart!", hörte ich und sofort danach meinen Namen.

Mit einem Handzeichen machte ich mich bemerkbar. Eine nette Frau, gekleidet mit einem geblümten Haushaltskittel, kam zu mir. Sie begrüßte mich freundlich, bückte sich nach meinem Pappkarton, nahm mich an die Hand und wir marschierten los.

Besorgt rief ich: „Mein Bruder muss noch mit! Das war doch so vereinbart!"

Karl stürmte zu uns und wollte mitkommen. Doch Männer von der NSDAP haben meinen Bruder geschnappt und festgehalten.

Mein Bruder schrie voller Angst: „Nimm mich mit!"

Doch es hat nichts genutzt. Mein zappelnder Bruder wurde festgehalten und Frau Kurtzwart hat mich sachte, aber bestimmt mit sich gezogen. Karl und ich haben furchtbar geweint. Mir hat man erzählt, er kommt nach. Aber das stimmte nicht.

Er kam zu einer Pflegefamilie, die in Dettelbach lebte. Ein kleines Dorf, das sich ungefähr neun Kilometer von Kitzingen entfernt befindet. Doch das hatte mir zu diesem Zeitpunkt keiner gesagt.

Ich war sehr traurig, als wir nach einem kurzen Fußweg bei Familie Kurtzwart ankamen. Sie wohnten ungefähr hundert Meter vom Bahnhof entfernt, auf der gleichen Straße. Gegenüber einer hohen Böschung, auf der die Bahngleise lagen. Herr Kurtzwart war bei der Deutschen Reichsbahn beschäftigt. Der Sohn der Familie war Soldat bei der Kriegsmarine.

In dem ordentlichen Einfamilienhaus zeigte mir Frau Kurtzwart auf der ersten Etage mein eigenes Zimmer. Es war schön eingerichtet und befand sich neben dem Zimmer ihres Sohnes.

Beim Abendessen habe ich dann auch Herrn Kurtzwart kennengelernt. Der kräftige Familienvater hielt Kaninchen, Hühner und Gänse auf dem Grundstück. Zu meinen Aufgaben gehörte es später, dass ich nach Erledigung meiner Schularbeiten Futter für die Tiere besorge. Dazu bin ich mit einem Bollerwagen an der Böschung entlanggegangen und habe mit einer Handsichel Brennnessel und Gras abgeschnitten. Einmal ratschte ich mir dabei mit der Sichel über den linken Zeigefinger. Davon habe ich heute noch eine Narbe. Die Brennnessel stopfte ich in einen Sack, das Gras für die Kaninchen in einen zweiten Sack. Die Brennnesseln waren für die jungen Gänse gedacht. Die waren ganz verrückt danach. Kann man sich gar nicht vorstellen.

Zu der Hühnerschar gehörte auch ein riesiger stolzer Hahn. Der verstand es so gut, auf seine Hühner aufzupassen, dass er mich immer angegriffen hat, sobald ich in die Nähe der Hühner kam. Dazu raste er flügelschlagend auf mich zu und versuchte, mich anzuspringen und zu picken. Ich war jedoch immer flink genug, um ihm zu entkommen. Herrn Kurtzwart hat er nie angegriffen. Bestimmt wusste er, dass er dann als Brathähnchen in der Pfanne landen würde.

An der Böschung der Bahn entlang wuchsen prächtige Apfel- und Pflaumenbäume. Jedes Jahr erneut hatten die Mitarbeiter der Deutschen Reichsbahn die Möglichkeit, die Früchte dieser Obstbäume zu ersteigern. Auch Herr Kurtzwart hatte ein paar Bäume ersteigert. Ich habe dann, als es soweit war, auf meinen täglichen Futterbeschaffungstouren auch die reifen Früchte auf meinen Bollerwagen geladen.

Das Obst wurden für den Eigenbedarf zu Marmelade verarbeitet, oder sie wurden als Wintervorrat eingekocht. Das Fallobst war für die Tiere bestimmt.

Obwohl die Eheleute Kurtzwart sehr fürsorglich zu mir waren, litt ich an Heimweh. Ich war zum ersten Mal von zu Hause weg und vermisste meine Eltern, meine Geschwister und meine Freunde. Deswegen hatte ich in der Schule Probleme, mich auf den Unterricht zu konzentrieren. Auch der Lernstoff war viel umfangreicher. In Düsseldorf besuchte ich eine Mittelschule und hier ein anspruchsvolleres Gymnasium. Nachmittags bei den Schularbeiten fehlten mir Gleichaltrige, mit denen ich mich hätte austauschen können.

Umzug in die Innenstadt
Nachdem mich mein Klassenlehrer, Herr Schlör, besser kennengelernt hatte, bemerkte er, dass ich im Grunde ein guter Schüler war. Jedoch machten mir mein Heimweh und meine Einsamkeit zu schaffen, so dass ich deswegen keine guten schulischen Leistungen erbrachte.

Herr Schlör hat daraufhin dafür gesorgt, dass ich bei einer anderen Pflegefamilie unterkomme. Eine Familie, die ein eigenes Kind zu Hause hatte und wir uns anfreunden und vielleicht gegenseitig unterstützen konnten.

Nach knapp einem Viertel Jahr, bin ich im Herbst 1942 umgezogen. Wobei ich zwischendurch immer Mal wieder Familie Kurtzwart besucht habe.

Ich hatte meinen Karton gepackt, als Frau Friedlein, meine neue Pflegemutter, mich abholte. Ich war froh über den Umzug. Man hatte mir erzählt, dass die Leute einen Sohn hatten, der dieselbe Schule wie ich besuchte und ebenfalls dort wohnte.

So zog ich also zu Familie Friedlein auf die Kaiserstraße. Die Kaiserstraße war eine Geschäftsstraße im Zentrum von Kitzingen. Der Falterturm, ein Wahrzeichen von Kitzingen, befand sich in unmittelbarer Nähe. Die erste Etage bewohnte die Familie Friedlein. Im gleichen Haus betrieb die Schwester von Frau Friedlein ein großes Modegeschäft mit zeitgemäß dekorierten Schaufenstern an der Straßenfront.

Herr Friedlein war als Korvettenkapitän in Wilhelmshaven stationiert.

Ich fühlte mich willkommen und von Anfang an gut aufgehoben. Als ich am späten Nachmittag zusammen mit Frau Friedlein zur Kaiserstraße kam, zeigte sie mir ein schönes, geräumiges Zimmer unter dem Dach. Gegenüber der Zimmertür befanden sich einige Fenster in den Gauben unter der Dachschräge. An der linken Wand stand das Bett ihres Sohnes, das Bett an der rechten Wand war für mich hergerichtet worden.

Beim Abendessen lernte ich Richard kennen. Der Sohn der Familie Friedlein besuchte also dasselbe Gymnasium wie ich – allerdings drei Klassen höher. Alle nannten ihn *Rich*. Er war ein wirklich netter Junge von fünfzehn Jahren und wir haben uns auf Anhieb gut verstanden. Er konnte mir bei meinen Schularbeiten helfen und wir ha-

31

ben uns gegenseitig englische Vokabeln abgefragt. Meine Noten haben sich dadurch schnell verbessert.

Heute weiß ich, dass er nach seinem Universitätsabschluss Arzt in einem Krankenhaus geworden ist.

Die schwärzesten Zähne

Mein Heimweh war nun etwas gelindert. Trotzdem habe ich manchmal nach meiner Mutter verlangt; einfach, weil ich sie immer noch sehr vermisst habe.

Vielleicht fragt ihr euch nun, warum ich zwischendurch meine Eltern nicht einfach angerufen habe? Telefonapparate waren in privaten Haushalten überhaupt noch nicht verbreitet. Die Schwester von Frau Friedlein besaß zwar in ihrem Modegeschäft ein Telefon; doch meine Familie oder Freunde in Düsseldorf hatten keinen Telefonanschluss.

Um zum Beispiel nach einem Bombenangriff eine schnelle Information über das Befinden der daheim gebliebenen Angehörigen zu bekommen, gab es vorbereitete Benachrichtigungskarten, die meine Eltern nur auszufüllen brauchten. Diese Karten wurden dann zur Post gebracht und auf dem schnellsten Wege befördert. Fast immer wurden diese Karten innerhalb eines Tages weitergeleitet.

Darauf standen der Absender, also in diesem Fall der meiner Familie und ein Gruß an mich. So wusste ich also, dass meine Familie den Angriff überlebt hatte.

Oft habe ich in meinem Zimmer auf der Fensterbank eines der niedrigen Fenster gesessen.

Auf der breiten Fensterbank, die ungefähr sechzig Zentimeter über dem Boden angebracht war, konnte ich bequem quer zum Fenster sitzen. Außen war zwischen den Fensterbacken eine dicke Eisenstange zum Schutz gegen Herabstürzen befestigt.

Insgeheim habe ich gehofft, dass ich meinen Bruder Karl mal da unten vorbeigehen sehe. Aber leider habe ich ihn nie entdecken können.

Mit Frau Friedlein habe ich manchmal über meinen Bruder gesprochen. Ich habe ihr erzählt wie man uns bei der Ankunft in Kitzingen getrennt hat, obwohl meinen Eltern versichert wurde, dass man uns zusammen lässt. Weiter, dass ich meinen Eltern gleich danach einen Brief geschrieben habe, in denen ich den Vorfall schilderte. Doch meine Eltern konnten gegen die Entscheidung der Parteiangehörigen nichts ausrichten.

Frau Friedlein, die großes Verständnis für meinen Kummer hatte, versprach mir, sich *einmal umzuhören*.

Um mich von meinen Sorgen abzulenken, trieb ich wie verrückt Sport. Regelmäßig, wenn ich mit meinen Schularbeiten fertig war, bin ich in die Turnhalle des Gymnasiums gegangen. Der nette Hausmeister hatte mir dafür sogar einen eigenen Schlüssel gegeben.

Während des Turnunterrichts kletterten wir zum Beispiel an den Seilen hoch. Oder wir übten uns in Bockspringen oder Saltos. Wenn ich dann nachmittags alleine Zeit in der Turnhalle verbrachte, habe ich mich sozusagen weitergebildet.

So entwickelte ich mich zu einem sportbegeisterten jungen Mann und war stolz darauf, schnell und durchtrainiert zu sein. In meinen Zeugnissen machte sich mein Eifer mit der Sportnote *sehr gut* bemerkbar.

Nach einiger Zeit hat Frau Friedlein irgendwie erfahren, dass mein Bruder nach Dettelbach evakuiert wurde und auf einem Bauernhof wohnte.

Die Freude war riesengroß, als sie es mir erzählt hat. Gleich am nächsten Sonntag - samstags war auch Schulunterricht -, habe ich mich auf den Weg nach Dettelbach gemacht. An einem sonnigen Spätherbsttag lief ich ungefähr fünf Kilometer bis zum Bahnhof Buchbrunn/Mainstockheim und von dort aus ungefähr weitere fünf Kilometer am Main entlang bis nach Dettelbach.
In dem Ort angekommen, bin ich über die staubige Straße zu einer älteren Frau gelaufen. Sie saß auf einer Bank vor einem Bauernhof:

„Bitte entschuldigen Sie, ich suche meinen Bruder Karl, der aus Düsseldorf evakuiert wurde und hier auf einem Bauernhof wohnen soll. Wissen Sie, wo ich den finden kann?"

Die Frau antwortete mir, dass die meisten Dorfbewohner in der Kirche seien und mein Bruder bestimmt auch dort ist.

Es gab nur eine Kirche in Dettelbach. Also bin ich dahin gelaufen und habe mich auf die Bank davor gesetzt und gewartet. Die Melodie eines Kirchenliedes drang durch das geschlossene, schwere Kirchentor. Ich malte mir aus, wie erstaunt mein Bruder gleich gucken wird, wenn er mich entdeckt. Ich freute mich sehr auf diesen Augenblick.

Als die Messe beendet war und die Leute die Kirche verließen, sah ich meinen Bruder. Er trug Damenstrümpfe, kurze dreckige Hosen und ein schmuddeliges Hemd.

Entsetzt rief ich zur Begrüßung: „Karl, wie siehst du denn aus!?"

Freudig überrascht rief mein Bruder: „Peter! Wo kommst du denn her?"

Wir umarmten uns und setzten uns zusammen auf die Bank vor der Kirche. Er fragte, woher ich denn wüsste, dass er hier ist. Und ich erzählte ihm, dass meine Pflegemutter das herausgefunden hat.

Wir machten uns zusammen auf den Weg zu dem Bauernhof, wo er wohnte.
Es handelte sich um ein typisches Bauernhaus, in dem die Bauersleute zusammen mit den Tieren in einem Haus lebten. In der unteren Etage waren der Kuhstall und gleich daneben die Küche.
Von der Küche aus führte eine Treppe hoch in die restliche Wohnung. Dort bewohnte mein Bruder ein ziemlich primitives Zimmer.
Seine Hosen, seine Jacke, seine Unterwäsche; alles lag schmutzig in einem ramponierten Schrank.
Nachdem er sich ausgiebig in den Haaren kratzte, fiel mir auf, dass sein Kopf voller Läuse war.

Zur anderen Seite des Flures befand sich die Wohnstube.

Mein Bruder sagte verschmitzt: „Komm mit zum Opa. Den musst du unbedingt kennenlernen."

Die Tür zur Wohnstube stand offen. Wir betraten das Zimmer, in dem ein uralter Mann nach hinten gemütlich angelehnt auf einem verschlissenen Holzstuhl saß.

Vor sich ein tellergroßes Loch im Holzboden. Unaufhörlich kaute er an einem Stück *Hanewacker Kautabak*, das sich in seiner gewölbten Wangentasche befand.
Die kleine Blechdose Firma Hanewacker lag auf dem kleinen Tisch, der neben ihm stand.

Ich sagte höflich: „Guten Tag. Ich bin Peter, der Bruder von Karl."

Er grinste mich an und ich blickte auf die schwärzesten Zähne, die ich je in meinem Leben gesehen hatte.
Nach einer undeutlich gemurmelten Begrüßung beugte der alte Mann sich nach vorne und rotzte die vom Kautabak schwarze Spucke durch das tellergroße Loch im Boden hinunter zum Kuhstall, der sich offensichtlich unter der Wohnstube befand.

Ich war fassungslos. Wahrscheinlich guckte ich wie ein Auto. Mein Bruder stupste mich grinsend an und wir verabschiedeten uns schnell wieder.

Karl führte mich zu einigen Nachbarhöfen, um mir die Gegend zu zeigen. Anschließend gingen wir zum Main und setzten uns ans Ufer. Wir erzählten noch lange, wie es uns inzwischen ergangen ist und merkten kaum, wie die Zeit verging. Da ich zum Abendessen zu Hause sein musste, verabschiedeten wir uns bald. Ich versprach meinem Bruder, dafür zu sorgen, dass er zu einer anderen Pflege-familie kommt, die sich besser um ihn kümmert.

Ich hatte den Eindruck bekommen, dass Karl nicht so sehr unter Heimweh litt. Irgendwie fügte er sich seinem Schicksal und empfand seine Verwahrlosung als nicht so unangenehm wie ich.

Als ich zurück in Kitzingen war, habe ich meiner Pflegemutter erzählt, wie verwahrlost mein Bruder war. Verzweifelt bat ich sie, dafür zu sorgen, dass man für meinen Bruder eine andere Pflegefamilie sucht. Meine Eltern hatten mich schließlich gebeten, auf meinen Bruder aufzupassen.

Frau Friedlein erreichte dann tatsächlich ziemlich schnell, dass mein Bruder umziehen durfte. Sein neues Zuhause war wieder ein Bauernhof. Frau Reinlein, deren Mann als Soldat diente, bewirtschaftete den kleinen Hof ebenfalls in Dettelbach zusammen mit einem Knecht. Kinder hatte die Familie nicht. Vielleicht war das auch ein Grund, warum mein Bruder sehr verwöhnt wurde. Die freundliche Frau hielt ihr Haus und Karl sauber, außerdem gab es genug zu essen.

Meinen wegen der Läuse kahl geschoren Bruder und Frau Reinlein habe ich gerne und oft besucht. Über eine wunderschöne Straße wanderte ich bis Dettelbach. Auf der einen Seite die hohen Weinberge und auf der anderen Seite floss der Main ruhig dahin. Bei diesem Anblick konnte ich fast vergessen, warum ich überhaupt hier sein musste und nicht mit meiner Familie in Düsseldorf zusammenleben konnte.

Mein Bruder auf der Eisscholle
Der Winter war so streng, dass sich auf dem Main eine dicke Eisschicht bildete. Große Stücke der Eisfläche trieben als Schollen mit der Strömung des Flusses.

Eines Mittags, als Rich und ich vom Gymnasium nach Hause kamen, sprach mich Frau Friedlein an: „Schau mal Peter, in der Zeitung wird über einen Jungen berichtet, der in Dettelbach evakuiert ist. Ist damit vielleicht dein Bruder gemeint?"

Ich las den Bericht, der ungefähr so lautete:

Dettelbach: Ein evakuierter Junge, aus einem fliegergeschädigten Gebiet aus dem Rheinland, spielte am gestrigen Tag am Main. Die Gefahr missachtend, sprang er auf eine große Eisscholle. Diese entfernte sich mit dem Jungen vom Ufer. Anwohner bemerkten den Jungen, auf der inzwischen in der Mitte des Mains treibenden Scholle und riefen die Feuerwehr und die Polizei. Nach ca. zwölf Kilometern fischte man den Nichtschwimmer aus dem Main und brachte ihn zu seiner Pflegefamilie.

Schon bald darauf traf ich meinen Bruder.

Gespannt fragte ich ihn sofort: „Bist du das gewesen, der Junge aus dem Rheinland, der auf der Eisscholle über den Main getrieben ist?"

„Ja", hat er grinsend gesagt. „Die Feuerwehr und die Polizei haben viel Arbeit gehabt, mich wieder an Land zu kriegen. Die haben mit Haken und allem Möglichen nach der Eisscholle gefischt."

Leicht vorwurfsvoll fragte ich: „Warum bist du überhaupt auf das Eis gesprungen? Außerdem kannst du doch gar nicht schwimmen."

Karl, wieder grinsend: „Wir wollten einfach mal sehen, wie das so ist. Die anderen, mit denen ich am Ufer war, meinten, dass sich das sowieso keiner von uns traut. Als ich dann gesagt habe, dass ich das mache, haben mich die anderen angefeuert. Ich hatte also gar keine andere Wahl."

Ich sagte nun doch amüsiert: „Du bist vielleicht ein verrückter Hund."

Schwimmen im Main

Im Frühling und Sommer, wenn es das Wetter zuließ, bin ich im Main geschwommen. In Badehose und Latschen und einem Handtuch über der Schulter, ging ich zum Main. Ich brauchte nur ein kurzes Stück die Straße runter zu gehen. Dort lag ein sogenanntes Waschschiff am Ufer. Auf diesem standen die Frauen in einer Reihe und schrubbten die Wäsche über ihre Waschbretter.

Ich habe das Waschschiff als Absprung genutzt und bin von der Reling aus in den Main gesprungen.
Ich ließ mich bis unter die Brücke durchtreiben, die die Innenstadt und den Stadtteil Etwashausen miteinander verband, um anschließend wieder ans Ufer zurückzuschwimmen. Und dann das Ganze unzählige Male von vorne.

Oft sind auch andere Kinder mit geschwommen. Doch richtige Freunde hatte ich in Kitzingen nicht. Auch in der Schule nicht. Für die anderen war ich das Bombenkind aus der Großstadt und sie haben mich kaum beachtet. Das tat weh.

Pfefferminzblätter-Ernte

Anfang Juli habe ich auf dem Hof der Reinleins bei der Pfefferminzernte geholfen. Mit der Hand habe ich die Pfefferminzblätter Stiel für Stiel gepflückt. Dazu habe ich den Pflanzenstiel im unteren Drittel zwischen Daumen und Zeigefinger gehalten. Dann wurden die zarten Blätter am Stiel entlang nach oben abgezogen, und ganz oben knipste ich den letzten Stielrest samt aller Blätter mit den Fingern ab.

Noch am gleichen Abend haben wir die Blätter auf dem Trockenboden in der Scheune zum Trocknen ausgelegt. Frau Reinlein hat dann Wochen später die Teeblätter verkauft.

Für meine Hilfe bekam ich immer ein großzügiges, schmackhaftes Essen. Einmal habe ich mit Begeisterung *Pichelsteiner* gegessen. Eine deftige Delikatesse bestehend aus Kartoffeln, Möhren und Fleisch. Das war köstlich. So lecker habe ich Pichelsteiner bis heute nicht mehr gegessen.
Oft, wenn ich meinen Bruder besucht habe, sagte ich zu ihm: „Sag mal Frau Reinlein, dass sie beim nächsten mal wieder Pichelsteiner kochen soll." Das hat sie dann auch immer für mich gemacht. Die war echt nett.

Zurück nach Düsseldorf
Im Sommer 1943, nachdem ich ein sehr gutes Zeugnis der *Oberschule für Jungen* in Kitzingen bekommen hatte, wurden meine Pflegeeltern benachrichtigt, dass ich nach Hause reisen musste. Ich verbrachte ungefähr ein Jahr in Kitzingen und war nun fast zwölf Jahre alt.
Ich war sehr traurig darüber, dass ich abreisen musste. Ich erinnerte mich an meine Angst während der Luftangriffe in Düsseldorf, und meinen Hunger. Hier herrschte Frieden und es gab genug zu essen.

Auch meine Pflegefamilie war betrübt. Frau Friedlein würde sicher meine helfende Hand im Haushalt vermissen. Schweren Herzens musste ich meinen Bruder in Dettelbach zurücklassen.

Am Tag des Abschieds brachte mich meine Pflegemutter zum Bahnhof.

Bei den meisten Passagieren handelte es sich um Soldaten, die Fronturlaub hatten. Wenn ich mich richtig erinnere, brauchte der Zug für die ungefähr dreihundertfünfzig Kilometer bis nach Düsseldorf fast acht Stunden. Die Dampflokomotive zog die Waggons nur langsam durch die Landschaft. Je näher wir dem Rheinland kamen, um so öfter musste der Zug anhalten und umgeleitet werden, weil zum Beispiel die Schienen von Bomben zerstört waren.

Wenn der Zug dann mal fuhr, habe ich meinen Kopf zum Fenster rausgehalten. Jetzt konnte ich es kaum erwarten, meine Eltern und meine Geschwister wiederzusehen. Der Preis dafür, dass ich meinen Kopf zum Fenster rausgehalten habe, war ein schwarzes Gesicht. Schuld daran war der Fahrtwind, der den ausgestoßenen Ruß der Lokomotive nach hinten wehte.

Am späten Nachmittag kam ich in Düsseldorf an. Am Bahnhof hat keiner auf mich gewartet, weil niemand auch nur eine ungefähre Uhrzeit voraussagen konnte, wann ein Zug eintraf.

Also lief ich mit meinem Pappkarton ungeduldig nach Hause.

Meine ganze Familie erwartete mich – außer meinem Bruder Karl, der ja noch in Dettelbach geblieben war.

Bei dem freudigen Wiedersehen überschüttete mich meine Familie mit Fragen. Viel und lange habe ich über das berichtet, was mein Bruder und ich so alles erlebt hatten.

Mir wurde vorgegeben, dass ich weiterhin die Knaben-Mittelschule in der Luisenstraße zu besuchen habe. Ich freute mich auf die Schule, da meine Freunde Bernhard und Jörg in die gleiche Klasse gingen.

Bei einem anderen Freund, der in der Wohnung seiner Eltern ein großes eigenes Zimmer hatte, haben wir oft zusammen Schularbeiten gemacht.

So sind wir denn auch den ungefähr zwei Kilometer langen Schulweg immer zusammen gegangen.

Wir wurden ausgebombt

Ich lag im Bett, als mich an einem späten Abend Ende August 1943 mal wieder Sirenenalarm aus dem Schlaf riss. Dieser Sirenenton *Öffentliche Luftwarnung,* bestand aus einer dreimaligen Wiederholung eines hohen Dauertons von etwa fünfzehn Sekunden Länge. Er war eine Art Ermahnung, dass man sich bereit halten sollte, den Luftschutzkeller aufzusuchen, weil feindliche Flugzeuge einfliegen.

Sofort hellwach, sprang ich aus dem Bett und in meine Klamotten. Ich half meiner Mutter, die noch eilig einige wichtige Dokumente, in den bereit stehenden und schon mit einigen Bekleidungsstücken gefüllten Koffer schmiss. Dann hob meine Mutter meinen weinenden, damals zweijährigen Bruder Leo, geboren 1941, aus seinem Bettchen. Die anderen Geschwister wuselten durcheinander und zogen sich rasch Kleider und Schuhe an.

Mein Vater drehte den Ton des Volksempfängers lauter und wir hörten das typische, tickende Geräusch, mit dem eine wichtige Durchsage angekündigt wurde. Eine männliche Stimme warnte jetzt vor einem bevorstehen Bombenangriff:
„Ein größerer Verband Feindflugzeuge, aus dem Westen kommend, befindet sich im Anflug auf das Ruhrgebiet. Wir melden uns in Kürze wieder."

Wir hörten die Nachbarn im Treppenhaus, wie sie die Treppen hinunter rannten.

Mein Vater schnappte sich den Koffer und das Radio, dann öffnete er unsere Wohnungstür und hielt sie für uns auf. Ungeduldig rief er: „Beeilt euch, ab in den Keller!"

Offensichtlich konnte die Flugsicherung nun eine genaue Flugrichtung der Feindflugzeuge feststellen.
Denn als meine Mutter, immer noch mit meinem Bruder auf dem Arm, in den Keller hastete, heulte der schaurige Fliegeralarm los.

Meine Geschwister und ich stürmten hinterher. In dem eigentlichen Luftschutzraum angekommen, setzte sich ein jeder auf die bereitstehenden Stühle. Es folgte noch das ältere Ehepaar von der vierten Etage, hinter denen mein Vater dann die schwere, eiserne Luftschutztür verschloss.

So hockte ich mal wieder im Keller und hoffte, dass die Bomben nicht auf uns fallen würden. Obwohl offiziell zur Beleuchtung nur elektrisches Licht erlaubt war, spendeten uns zusätzlich einige Kerzen und eine Petroleumlampe ein dämmriges Licht.

Zu Beginn des Krieges wurden in den Kellerräumen der Wohnhäuser einer Stadt meist niedrige Mauerdurchbrüche zu den Nachbarhäusern geschaffen, die nicht mit Türen verschlossen wurden. Somit sicherte man sich eine Rückzugsmöglichkeit, falls es aus dem eigenen Keller kein Entkommen durch die Tür gab.
Aus dem Durchbruch zum Nachbarhaus drangen gedämpfte Stimmen. Dort hockten die Menschen ebenfalls schutzsuchend im Keller.
Mittels Volksempfänger wurde weiter durchgegeben, in welche Richtung die Flugzeuge unterwegs waren.
Auf einmal hieß es: „...im Raum Düsseldorf besteht akute Gefahr!"

Fast zeitgleich mit der Radiodurchsage erschall der akute Flieger-
alarm.
Vier Sekunden Dauerton, sechs Sekunden Pause, acht Sekunden
Dauerton.

Mein Herz schlug bis zum Hals und ich hoffte, dass keine Bombe
unser Haus traf und wir nicht im Keller sterben mussten.

Ich schaute zu meinem Vater, der aus dem winzigen Kellerfenster
blickte, das sich knapp unter der Decke befand. Ich ging zu ihm und
schaute ebenfalls in die Nacht. Am Himmel leuchteten die ersten
Kerzen, also die Zielmarkierungen, die von vorausfliegenden
Lightnings, den Begleitflugzeugen eines Bombengeschwaders, ab-
gesetzt wurden.
Er legte einen Arm um mich und wir sahen, wie die Piloten der Begleitjäger über uns und in einiger Entfernung immer mehr Leuchtmittel abwarfen. Damit wurden die Stellen markiert, an denen die
nachfolgenden schweren Bomber ihre Bombenlast abzuwerfen hatten. Dazu wurden in ungefähr tausend Meter Höhe viele Leuchtkerzen frei gesetzt, die an kleinen Fallschirmen langsam zu Boden
schwebten, wobei sie ungefähr fünf bis sieben Minuten brannten.
Diese Lichtmarkierungen wurden auch *Christbäume* genannt, weil
sie mit ihrem Aussehen daran erinnerten.

Da die Kerzen genau über unserem Stadtteil gesetzt waren, wusste
ich, dass uns eine Bombardierung unmittelbar bevor stand.

Plötzlich verstummte das Radio.
Wir hörten die ersten schweren Detonationen, die einen heftigen,
laut zischenden Luftzug durch die Mauerdurchbrüche zwischen den
Kellern der Häuser verursachten: *Zzzsch!*

Die einsame Glühbirne, die in einer silberfarbenen Fassung von der Decke baumelte, ging aus. Mein Vater und ich hockten uns hin. Ich hielt meine Hände über dem Kopf, als der Boden so stark wackelte, wie ich mir ein Erdbeben vorstellte. Durch die Luftzüge sind die Kerzen erloschen. Es brannte nur noch die Petroleumlampe. Als dieser Angriff vorüber war, blieb es einen kurzen Moment ruhig. Ich hörte das Schluchzen meiner Schwestern.

Aus dem Nachbarkeller rief jemand: „Habt ihr noch Licht?"

Mein Vater antwortete: „Eine Petroleumlampe brennt noch!"

Dann schrie ein anderer Mann aus dem Nachbarkeller: „Passt auf, es geht gleich wieder los. Duckt euch."

Ich vernahm noch von irgendwem die Frage: „Ist die Tür richtig zu?", und dann ging es auch schon wieder los. Ich hörte und fühlte den Luftzug der Explosionen, die immer lauter wurden, also immer näher kamen.

Dann wurde der Keller durch eine enorme Detonation erschüttert. Der Glaszylinder der Petroleumlampe sprang aus der Fassung und schlug klirrend auf dem Boden auf.

Mein Vater schrie: „Alle halten die Hände über den Kopf!"

Meine Mutter beugte sich schützend über meinen kleinen Bruder, den sie immer noch auf dem Arm hielt und der herzzerreißend weinte.
Dann kreischte der ersten Nachbar: „Unser Haus ist getroffen! Oben brennt es!"

Ich dachte ‚Jetzt ist es soweit. Nun wird uns das Haus auf den Kopf fallen und wir werden alle sterben.'

In diesem hysterischen Durcheinander öffnete sich die schwere Eisentür zu unserem Keller und Georg Plum, der zuständige Luftschutzwart, steckte den Kopf zur Tür hinein.

Luftschutzwarte, die vom Reichsluftschutzbund ausgebildet wurden, arbeiteten ehrenamtlich und waren für die Einhaltung der Luftschutzbestimmungen verantwortlich. Dazu gehörte auch die Überwachung der Verdunkelung der Fenster, für die jeder Bewohner ein schwarzes Rollo an jedem Fenster befestigt haben musste. Selbst wenn kein Angriff bevor stand, durfte dem Feind nie die Gelegenheit gegeben werden, ein beleuchtetes Fenster von oben erkennen zu können.

So hörte man ihn bei seinen Rundgängen öfter durch die nächtlichen Straßen schreien: „Haus Nummer siebzehn, zweite Etage bei Koch! Bitte Fenster links besser verdunkeln!"

Selbst mit Plakaten wurde darauf hingewiesen.

Er bestätigte, dass die meisten Häuser unserer kleinen Straße getroffen waren und die Dachstühle brannten. Wir sollten aber erst einmal im Keller bleiben, hier würde so schnell nichts passieren.

Durch das Dach unseres Hauses war eine Stabbrandbombe geschlagen und der Dachstuhl brannte nun lichterloh.
Die Wassereimer und Sprühkanister, die nach Vorschrift auf jeder Etage standen, konnten jetzt nicht eingesetzt werden. Da immer noch Bomben auf unser Stadtviertel abgeworfen wurden, verbot uns der Luftschutzwart, den Keller zu verlassen. Dann war er auch schon wieder weg und verschloss die schwere Tür hinter sich. Obwohl die Explosionen noch immer die Grundmauern der Häuser erschütterten, und ich wieder meine Hände über dem Kopf zusammen hielt, hoffte ich, dass alles gut wird. Herr Plum hatte schließlich gesagt, dass im Keller nicht so schnell etwas passieren wird.
Die gesamte Bombardierung dauerte ungefähr viereinhalb Stunden.
Endlich ertönte der langgezogene Heulton der Entwarnung.
Wir verließen alle den Keller und liefen auf die Straße. Auch die Menschen der Nachbarhäuser kamen auf die Straße. Nun war das Ausmaß der Bombardierung sichtbar. Fast alle Häuser in der Straße brannten. Leider war auch unser Haus getroffen worden und der Dachstuhl brannte lichterloh. Der Himmel in der Morgendämmerung war von den Flammen hell erleuchtet. Ich begriff, dass es aussichtslos wäre, diese Brände bekämpfen zu wollen. Womit auch? Einige Häuser brannten heftiger als anderen. Die waren wohl öfter und wahrscheinlich nicht nur von Stabbrandbomben, sondern auch von Phosphorbomben getroffen worden.

In diesem Inferno zwischen wütenden Flammen, einer gewaltigen Hitzeentwicklung und herabfallenden brennenden Balken der Dachstühle, begann mein Vater mit Hilfe einiger Nachbarn unsere Möbel aus der Wohnung zu holen. Unaufgefordert half ich ebenfalls mit. Immer den Blick nach oben gerichtet, ob man vielleicht einem herab- stürzenden Stück des brennenden Dachstuhls ausweichen musste, stellten wir ein Möbelstück nach dem anderen mitten auf die Straße. Jeder half jedem. Und so schaffte auch die Familie von der ersten Etage, ihre Möbel aus dem brennenden Haus zu holen. Aus den Nachbarhäusern trugen die Bewohner ebenfalls ihr Hab und Gut auf die Straße.

In den Häusern loderten noch vereinzelte Brände, als der Hausrat der meisten Leute in Sicherheit gebracht worden war. Traurig schaute ich mich um. Unser Nachbarhaus mit der Nummer dreizehn war verschont geblieben. Vom Haus mit der Nummer fünfzehn war der Anbau abgebrannt. Das Haus daneben mit der Nummer sieb- zehn war ebenfalls ausgebrannt.

Der Luftschutzwart sagte meinem Vater, dass wir in eine Wohnung des Hauses Nummer zwölf, gegenüber unserer alten Wohnung, pro- visorisch einziehen sollten. Dort waren zwar die vierte und dritte Etage ausgebrannt, doch eine Wohnung im Erdgeschoß stand seit einiger Zeit leer.

So schleppten wir nach und nach den Hausrat, den wir gerettet hatten, in die andere Wohnung. Als wir damit fertig waren, betrach- tete ich das Haus, in dem wir bis jetzt gelebt hatten. Nur die Außen- mauern und das Treppenhaus waren stehengeblieben. Die Holz- treppen des Treppenhauses waren komplett verbrannt. Nur die Eisenkonstruktion der Stufen war übrig. Die Decken und Fußböden waren eingestürzt. Es war ein trauriger Anblick, die meisten Häuser meiner Wohn- und Spielstraße zerstört zu sehen.

Einen Tag nach diesem Bombenangriff belauschte ich zufällig ein Gespräch zwischen den Nachbarn. Sie fragten sich, wo die vier Pferde des benachbarten Kohlenhändlers Vogel liegen mögen, mit deren zugkräftiger Unterstützung er die Kohlen ausgeliefert hatte. Das Fleisch würde viele Familien für einige Zeit gut sättigen.

Nach und nach haben die Bewohner sich irgendwie in dem noch vorhandenen Wohnraum eingerichtet.
Mein Vater hatte von irgendwoher Pappe organisiert, die er unter die Decke unserer neuen Bleibe nagelte, damit der Putz nicht runter fällt.
Notdürftig hatte er mit dünnem Draht versetztes Glas vor den Fenstern befestigt, das er von irgendwo her besorgt hatte.

Nach einigen Tagen kamen die Anwohner der ausgebrannten Häuser Nummer vierzehn und sechzehn noch einmal zurück, um nicht zerstörten Hausrat zu suchen. Sie erlaubten, dass meine Spielkameraden und ich in die Keller der zerstörten Häuser klettern durften. So suchten wir in den Kellerräumen nach brauchbaren Gegenständen und fanden wahre Schätze, wie zum Beispiel eingekochtes Obst und Gemüse und einige Konserven sowie Kohlen und Briketts als Brennmaterial für unseren Ofen.
Dass wir uns in großer Gefahr befanden, war mir nicht bewusst.

Als ich später zur Kinderlandverschickung im Erzgebirge war, schrieb mir meine Mutter in einem Brief, dass der dreijährige Sohn eines Mitbewohners mit seinen Geschwistern und anderen Kindern in den Kellerräumen der Trümmerhäuser Verstecken gespielt hatte.
Dabei ist eine Mauer eingestürzt und hat den kleinen Jungen unter sich begraben.
Das fand ich sehr traurig. Ich mochte den niedlichen Kerl mit dem blonden Lockenkopf.

UT-Ware

Einige Tage vor Beginn des Zweiten Weltkrieges wurden in Deutschland Lebensmittelmarken und etwas später Reichskleiderkarten ausgegeben. Das bedeutete, dass man kaum verfügbare Lebensmittel nur dann erhielt, wenn man die entsprechenden Lebensmittelkartenabschnitte, also die Marken, abgeben konnte. Selbstverständlich musste man für die Ware auch die verlangte Kaufsumme bezahlen. Die Lebensmittelkarte war in unterschiedliche Marken eingeteilt. Beispielsweise konnte man mit Brotmarken nur Brot kaufen, doch mit Fleischmarken auch Fisch.

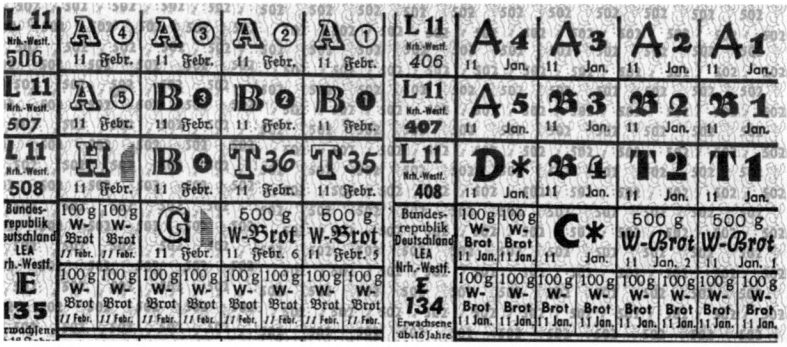

Die entsprechenden Lebensmittel konnte man natürlich nur kaufen, sofern sie zur Verfügung standen.

Man kann verstehen, dass mit den Marken auf dem Schwarzmarkt ein reger Tauschhandel betrieben wurde.

Es prägte sich der Ausdruck *UT-Ware*. Das bedeutete *Unter der Theke*.

Wenn es zum Beispiel den Aufruf gab, Lebensmittelkarten für Brot mit der Nummer 3019 können an einem bestimmten Tag eingelöst werden, haben wir in der Familie geklärt, wer sich als erster beim

51

Bäcker anstellt. Oft stand ich um fünf Uhr in der Früh ziemlich müde vor einem Geschäft in der Warteschlange. Kurz bevor ich zur Schule musste, wurde ich von einem meiner Geschwister abgelöst, die später zur Schule mussten oder von meinem Vater.
Trotzdem haben wir nicht immer etwas bekommen.

Die Leute, die einen guten Kontakt zum Geschäftsinhaber hatten, mussten sich nämlich nicht anstellen. Die gaben ihre Marken vorher ab und die entsprechenden Lebensmittel wurden zurückgelegt und als *UT-Ware* übergeben. Schwangere mussten sich ebenfalls nicht anstellen.
Wenn es kein Brot mehr gab, dann hatten wir eben Pech.

Für Brot gebettelt und gearbeitet
Wir Kinder trieben uns gerne am Hauptbahnhof rum. Täglich kamen viele Soldaten an, die Fronturlaub hatten. Jeder Soldat bekam bei der Abreise seine Marschverpflegung. In der Hoffnung, dass davon noch etwas übrig war, haben wir die Soldaten um ein Stück Kommissbrot, ein lang haltbares Vollkornbrot, angebettelt.

Heute war mal wieder ein besonderer Tag. Der Zug, der in einem seiner Waggons *Reinecke Brot* geladen hatte, kam wöchentlich nach Düsseldorf. Und heute sollte er wieder kommen. Ich lief zur Harkortstraße, dort befand sich eine breite Auffahrt zu den Waggons, die hier entladen wurden.
Als ich beim Zug ankam, brachte gerade der Kutscher sein Pferdefuhrwerk in Position.
Die Pferde zogen einen großen, zweiachsigen Kastenwagen, in den das mit Ölpapier eingewickelte Brot verladen wurde. Ein Polizist

überwachte die Aktion, damit der Brottransport nicht überfallen wurde.

Wie immer fragte ich höflich, ob ich helfen darf – und wie immer durfte ich. Ich saß neben dem Kutscher und half mit, das Brot an die Geschäfte auszuliefern.

Wir hielten neben einem Lebensmittelladen an – heute würde man sagen ein *Tante Emma-Laden*. Supermärkte gab es damals noch nicht. Man bekam zum Beispiel Zucker in Tüten abgewogen, Milch in mitgebrachte Kannen gefüllt und kaufte Sauerkraut aus einem großen Holzfass.

Ich balancierte, wie sonst auch, fünf Brote auf meinem ausgestreckten Arm und legte sie ins Regal.

Der Kutscher bekam die von den Käufern abgegebenen Lebensmittelmarken und durfte eine dementsprechende Menge Brot ausliefern.

Zwischendurch legte der Kutscher für die hart arbeitenden Pferde eine Pause ein. Sie wurden getränkt und bekamen einen Futtersack mit Hafer vor ihr Maul gebunden. Dann konnte ich mich auch ausruhen. Zu trinken, oder gar zu essen, bekam ich erst mal nicht.

Doch als Lohn für einen Tag Arbeit habe ich immer ein ganzes Brot bekommen.

Mein Flaksplitter-Brieföffner

In Oberbilk, auf der Ballonwiese im Volksgarten, standen 8,8-cm Geschütze zur Flugzeugabwehr verteilt. Acht Stück an der Zahl. Wenn die losgelegt haben, hörte man das Flakfeuer bis zu uns nach Hause und weit darüber hinaus. Das war vielleicht ein Donnern.

Radargeräte, Horchgeräte und Suchscheinwerfer waren, nicht weit davon entfernt, auf dem Universitätsgelände positioniert. Sobald ein Suchscheinwerfer ein Flugzeug erfasst hatte, wurde es beschossen. Es hatte dann entsetzlich laut geknallt.

Bei Fliegeralarm rannte man entweder in den eigenen Keller oder in einen der umliegenden öffentlichen, unterirdischen Luftschutzkeller; zum Beispiel am Bahnhof oder im Gymnasium an der Ellerstraße.

Hat nach einem Fliegeralarm tatsächlich ein Bombenangriff stattgefunden, so sind wir Kinder nach Möglichkeit sofort danach durch die Straßen gelaufen und haben mit Begeisterung eifrig nach Flak- und Bombensplitter gesucht.

Die Splitter, die von der gesprengten Munition der Flak-Geschütze stammten, waren ungewöhnlich gezackt und an den Rissstellen wie poliert. Einmal habe ich einen Flaksplitter gefunden, der noch ein Stück des kupfernen Führungsringes der 8,8-cm Granate trug. Ich war mächtig stolz auf meinen Fund, um den mich meine Klassenkameraden beneideten.

Ich hatte gehört, dass die Kriegsgefangenen, die im Oberbilker Stahlwerk arbeiteten, alles Mögliche verarbeiten und herstellen konnten. Zum Beispiel haben sie Ringe aus Stahl hergestellt und nach Feierabend gegen Brot getauscht.
So lungerte ich also eine Zeit lang mit meinem Fundstück vor den Toren des Werkes rum. Bei Schichtwechsel habe ich einen der Arbeiter angesprochen und gefragt, ob er mir etwas aus meinem Flaksplitter fertigen kann. In Aussicht auf ein Stück Brot schlug er vor, einen Brieföffner daraus zu machen. Ich war begeistert und überließ

ihm das gute Stück. Am nächsten Tag habe ich den fertigen Brieföffner abgeholt.

Den habe ich heute noch. Und selbstverständlich hat der Mann sein
Brot dafür bekommen.

© Peter Wolf

Die Granatsplitter haben wir an einen Schrotthandel verkauft.
Einmal, bei einem Bombenangriff im Herbst 1941, ist ein Bomber
abgeschossen worden, der mit samt seiner tödlichen Last auf den
Oberbilker Markt gestürzt ist.

Bombe trifft Krankenhaus

Nicht weit von meinem Elternhaus, auf der Kruppstraße, stand das Josefs-Krankenhaus. Die Dachpfannen des Gebäudes waren, wie bei allen anderen Krankenhäusern auch, mit einem riesigen roten Kreuz auf einem weißen quadratischen Untergrund gekennzeichnet, damit es auch aus einem Flieger als Krankenhaus erkannt werden konnte und nicht bombardiert wird. *Projektschutz* nannte man diese Kennzeichnung.

Trotzdem ist im Sommer 1943 dort eine Luftmine eingeschlagen. Mitten in das Krankenhaus.

Luftminen erzeugten eine gewaltigere Druckwelle als andere Bomben. Gezielt über Wohngebiete abgeworfen, deckten sie, je nach Gewicht, Hausdächer im Umkreis von mehreren hundert Metern ab. Somit schafften sie Platz, um Brandbomben auf die leicht brennbaren Dachböden zu werfen.

Alle Menschen, die sich zum Zeitpunkt der Explosion im Krankenhaus aufhielten, waren tot. Als neugierige Kinder wollten wir das Unglück aus nächster Nähe betrachten. Das vorher fünfstöckige Krankenhaus war bis auf die erste Etage in sich zusammengefallen. Hilfskräfte waren dabei, in dem Schutt nach Überlebenden zu suchen.

Es roch nach Lysol, einem Desinfektionsmittel, das oft versprüht wurde. Den Geruch habe ich heute noch in der Nase. Es wurde selbstverständlich im Krankenhaus eingesetzt und an den Orten versprüht, wo Menschen umgekommen sind – und das waren damals viele Orte.

Fliegeralarm in der Schule an der Luisenstraße

Ich besuchte ein Jahr die Schule an der Luisenstraße, als die komplette Klasse samt unserem Lehrer, Herrn Ochel, zum

Erzgebirge nach Seiffen zur sogenannten Kinderlandverschickung ins KLV-Lager Saxonia evakuiert wurden.
Es war einfach kein vernünftiger Unterricht möglich. Zu oft mussten wir wegen Fliegeralarm Schutz im Keller der Schule suchen.

Meinen letzten Fliegeralarm, den ich in der Schule erlebte, habe ich noch gut in Erinnerung.
Wir saßen still in der Mathestunde, als mal wieder der schaurig auf- und abschwellende Ton der Sirenen losheulte. Die Sirenen waren in ganz Düsseldorf auf den Dächern verteilt.
Wir sprangen alle auf und schmissen unsere Schulsachen in den Tornister. Fliegeralarm gab es oft, so dass wir ohne große Panik runter in den Keller rannten. Der Luftschutzwart kam uns entgegen. Er kontrollierte, ob die Klassen auch wirklich leer und alle Schüler und Lehrer im Keller waren.
Zwischen den Kellerräumen waren spezielle Türen montiert worden. Eisentüren mit zwei großen Hebeln daran, oben und unten. Damit sind diese Türen sicher verschlossen worden. Durch den Luftdruck, der bei den Bombeneinschlägen entstanden ist, sind die einfachen Schlösser der Holztüren ausgerissen. Die Eisentüren jedoch haben sogar einen Brand aufgehalten. In den Wohnhäusern war es zum Beispiel Pflicht, dass in jeder Etage ein Eimer mit Wasser und eine große Handspritze standen, wie sie heute oft im Garten benutzt wird. Damit konnte man einen Brand im Keim ersticken.

So hockten wir also abwartend im Keller. Kaum einer traute sich zu sprechen. Jeder war mit seinen eigenen Ängsten beschäftigt. Das war ja kein richtiger Luftschutzbunker. Es war eigentlich der Heizungskeller. An der Decke verliefen Heizungsrohre, Wasserrohre und jede Menge Stromkabel. Wir haben uns ausgemalt, was wohl passiert, wenn mal eine Bombe auf die Schule fällt: ‚Wahrscheinlich gehen die ganzen Rohre kaputt und das heiße Wasser ergießt sich auf unsere Körper; dann reißen noch die elektrischen Leitungen und wir verschmoren alle.'

Als die Sirenen endlich, nach über zwei Stunden, den langgezogenen, eindringlichen Ton der Entwarnung heulten, gingen wir nach Hause.

Die normale Schulzeit war von morgens acht Uhr bis mittags um zwei Uhr. Gab es während der Schulzeit einen Fliegeralarm, den wir abwartend im Keller verbrachten, dann sind diese Schulstunden ausgefallen. Nun war es kurz vor drei Uhr, als wir den Schulkeller verlassen und gleich nach Hause gehen konnten.
Bei einem Fliegeralarm nach zehn Uhr abends, hatten alle Schüler am nächsten Tag schulfrei.

Ich vermute, einer der Gründe, warum wir ins KLV-Lager geschickt wurden, war, dass wir dort in Ruhe lernen konnten.

So bekamen meine Eltern eines Tages einen Bescheid, in dem stand, dass ich mich an einem bestimmten Tag am Bahnhof einfinden musste. Ebenso meine Klassenkameraden. Die komplette Klasse, inklusive Lehrer, wurde evakuiert.

Kinderlandverschickungs-Lager im Erzgebirge

Im Spätsommer 1943, noch keine zwölf Jahre alt, stand ich also mal wieder auf dem Bahnsteig des Düsseldorfer Hauptbahnhofs, bereit zum Einsteigen. Inmitten meiner Mitschüler und vieler anderer Kinder und deren Eltern. Diese Abschiedsszenarien waren zu dieser Zeit kein seltenes Bild. Weinende Kinder im Zug, weinende Mütter auf dem Bahnsteig und unzählige mit Taschentüchern winkende Hände.

Während der lang andauernden Reise nach Leipzig mussten wir hungern. Es gab weder zu essen noch zu trinken. Derweil wurde die Landschaft immer winterlicher und der Schnee immer höher. Endlich in Leipzig angekommen, empfing uns eine ungefähr sechzig Zentimeter hohe Schneepracht.

Bekleidet nur mit kurzen Hosen, da es bei der Abreise in Düsseldorf noch warm war, stiegen wir aus dem Zug.

Von dort aus ging die Fahrt nach Seiffen mit einem Bus weiter. Der Schnee lag immer höher. Die ersten frierenden Kinder fingen an zu jammern. Schließlich beklagten wir uns alle, weil wir keine langen Hosen dabei hatten.

Der Lehrer beruhigte uns, da wir bei Ankunft unsere Winteruniformen bekommen sollten.

Etwas außerhalb von Seiffen stoppte der Bus vor einem gepflegten Gasthaus. Wir stiegen aus und betraten das für unsere Zwecke umfunktionierte *Gasthaus Saxonia*, das nun für einige Zeit unser Zuhause sein sollte.

Wir bekamen unsere Stuben, also unsere Zimmer, zugewiesen und richteten uns ein. Mit sechs Jungen teilten wir uns einen Raum, wie in einer Jugendherberge. Die vier Stuben im Haus trugen Namen von hochrangigen Militärs: Mölders, Galland, Rommel und Prien. Wir schliefen in Etagenbetten auf Stroh, über das eine Decke gelegt war.

Aus dem Ort Sayda erreichte uns die schlechte Nachricht, dass lange Hosen noch nicht verfügbar waren. Auch nicht die schwarzen, dicken Winterblusen, die über dem Koppel getragen wurden und auch keine Wintermützen.

Nach mehreren Anfragen unseres Klassenlehrers bekamen wir nach ungefähr sechs Wochen die ersten Teile der Uniform. Ich erhielt endlich eine wärmende Winterbluse mit Kapuze.

Auf die Skihosen und auf die Wintermützen mit den herab klappbaren Ohrenwärmer mussten wir noch ein paar Tage warten.

Bald darauf konnten wir uns weiße Skier mit grünem Längsstreifen abholen. Damit sind wir zum Dorf und in die Schule gefahren. Auch während der Geländespiele bewegten wir uns auf Skiern.

Übermut tut selten gut

Ein Winter im Erzgebirge ist etwas ganz Besonderes. Wenn meterhoher Schnee die bergige Landschaft bedeckte und die Sonnenstrahlen die Schneekristalle wie Millionen Diamanten glitzern ließ, konnte ich fast vergessen, warum ich hier war.

Am Abend eines so großartigen Tages veranstaltete unser Lagermannschaftsführer mal wieder ein Geländespiel. Alle, außer den Jungen im Krankenzimmer, mussten daran teilnehmen.

Der Lagermannschaftsführer teilte uns in zwei Gruppen ein.

Zwei Stuben spielten die Jäger und zwei Stuben die Gejagten. Ich war in der Gruppe der Jäger.

Wir haben uns mit weißen Nachthemden und mit weißen Handtüchern, die wir um die Skimützen wickelten, getarnt. Im Schnee waren wir kaum zu erkennen. Zur Unterscheidung trugen wir unterschiedliche Armbänder.

Bei diesen Spielen hatten wir meistens jede Menge Spaß. Eine *Gefangennahme* eines *Gegners* endete oft mit einer wilden, ausgelassenen Rauferei.

Gewöhnlich wurde der *Gegner* durch den Schnee gewälzt, ihm das Nachthemd vom Leib gezogen und das Handtuch vom Kopf gerissen.

Die Gruppen machten sich also bereit und ein jeder schnallte sich die Skier unter die Füße. Der Lagermannschaftsführer gab das Startzeichen. Die Gruppe der Gejagten startete links am Gasthaus vorbei und die Jäger rechts davon. Die Gejagten durften sich ausschließlich in einem vorgegebenen, weiträumigen Gebiet aufhalten und verstecken.

Wir rauschten los. Die Gejagten zogen sofort links rüber. Nach einer kurzen Strecke verschmolzen sie mit der weißen Landschaft und waren nicht mehr zu erkennen.

Unsere Aufgabe war es nun, die Gejagten innerhalb einer vorgegebenen Zeit ausfindig zu machen und zu fangen. Jeder, den wir gefangen nahmen, wurde in unsere Gruppe integriert und musste uns begleiten. Sollten wir niemanden in der angegebenen Zeit finden, hätten die anderen gewonnen.

Wir fuhren in dieselbe Richtung, in der wir die Gegner haben verschwinden sehen. Wir versuchten, uns an den Spuren zu orientieren, doch es gab zu viele davon. Wir fuhren schließlich morgens auch auf den Skiern zur Schule und mittags wieder zurück, so dass die Skispuren kreuz und quer durcheinander liefen.

Wir stießen auf die geräumte Hauptstraße und glitten neben ihr auf dem hoch aufgetürmten Schnee. Von hier aus hatte man eine gute Aussicht. Ein dürftig vom Schnee befreiter Feldweg, der zu einem Bauernhof führte, zweigte von der Hauptstraße ab. Von weitem erkannte ich einen Mann, der Holz hackte. So rutschten wir auf den schmalen Weg Richtung Hof und fuhren auf ihn zu.

Dort angekommen rief ich: „Entschuldigung! Haben Sie eine Gruppe weiß gekleideter Skifahrer gesehen?"

Er unterbrach kurz seine Arbeit und antwortete: „Nein, ich habe niemanden gesehen."

Ohne uns weiter zu beachten, hackte er wieder auf die großen Holzstücke.
Missmutig wendeten wir unsere Skier.

Auf halber Strecke zurück zur Hauptstraße stoppte ich und drehte meine Skier geschickt quer zu dem schmalen Weg. Dabei hob ich meine Beine so hoch, dass ich mit den Vorderspitzen auf dem Schneeberg der einen Seite des Weges und mit dem hinteren Ende der Skier auf dem Schneeberg der anderen Seite des Weges zu stehen kam. So schwebte ich ungefähr einen halben Meter über dem Weg und hielt Ausschau nach der anderen Gruppe – bis die Skier in der Mitte durchbrachen. Ich knallte unsanft mit meinem Allerwertesten voran auf den Weg, und mehrere Skistücke auf mich drauf. Die Bindung hatte ich noch an den Füßen, als ich lachend losprustete und sich auch meine Freunde vor Lachen kaum halten konnten. Nachdem wir uns beruhigt hatten, sammelte ich die Reste meiner Skier auf und wir machten uns auf den Rückweg.

Das Geländespiel hatte unsere Gruppe verloren. Aber ich wette, dass wir auf meine Kosten den meisten Spaß hatten.

Natürlich hatte der Spaß auch Konsequenzen. Mein Vater in Düsseldorf bekam die Rechnung. Er sollte dreißig Reichsmark für die Skier bezahlen. Das war damals sehr viel Geld, das mein Vater nicht aufbringen konnte. Trotzdem durfte ich mein neues Paar Skier behalten. Eine Strafe wurde mir nicht aufgebrummt.

Manchmal dauerten Geländespiele bis in die Dunkelheit. Wenn wir dann auf einem der verstreut liegenden Bauernhöfen noch Licht brennen sahen, sind wir ganz dicht herangegangen, um durch die Fenster zu lauern.
Dabei beobachteten wir oft, wie die Familien am Tisch beisammen saßen und Holzfiguren schnitzten. Auch die Kinder bearbeiteten Holzklötze mit den Schnitzmessern. Bis heute sind die Holzschnitzarbeiten aus dem Erzgebirge weltberühmt, wobei die heutigen Figuren wohl meist mit Hilfe einer Drehmaschine hergestellt werden.

Streich gegen den Lagermannschaftsführer
Da mein Lehrer wusste, dass ich in Düsseldorf Fanfarentrompete gespielt hatte, wurde mir auch hier in Seiffen ein solches Blasinstrument überlassen. Damit musste ich jeden Abend den Zapfenstreich blasen. Beim dritten Blasen des Zapfenstreichs wurde die Flagge

heruntergeholt – wie in einer Kaserne. Danach mussten wir in unsere Betten. Außer zum Toilettengang durfte bis zum Morgen keiner mehr die Stube verlassen.

Bis auf den Lagermannschaftsführer. Er war ein damals achtzehnjähriger junger Mann aus Krefeld. Seine Freundin, die er oft besuchte, wohnte im Dorf.

Wenn er also nachts zurück kam und in sein Zimmer ging, bewegte er sich immer sehr laut. Er nahm keine Rücksicht auf uns schlafende Jungen und knallte ständig, wie absichtlich, seine Zimmertür zu. Natürlich wurden wir immer alle wach.

Nachdem wir überlegt hatten, wie wir ihm einen Denkzettel verpassen könnten, besorgten wir uns Heftzwecken aus dem Kramladen unten im Gasthaus.
Wir mussten nicht lange darauf warten, dass unser Lagermannschaftsführer seine Freundin im Dorf besuchte.
Während seiner Abwesenheit schlichen wir uns zu seinem Zimmer, und legten vorsichtig einige Heftzwecken auf die Türklinke. Dann flitzten wir zurück in unsere Stube und quatschten miteinander, da wir vor lauter Aufregung nicht einschlafen konnten. Als wir hörten, dass er zurückkommt, haben wir uns absolut ruhig verhalten.

Dieses Mal hörten wir kein lautes Türenknallen, sondern eine Kaskade übelster Flüche.
Und den bösen Ausruf an alle Stuben gerichtet: „Da werden wir morgen noch drüber reden"!

Die Strafe ließ nicht lange auf sich warten.

Die ganze Klasse bekam zwei Wochen lang Stubenarrest. Wir durften nur zur Schule und zurück. In dieser Zeit haben drei weitere Jungen und ich zwischen den Fingern und den Zehen Krätze bekommen. Krätze ist ein ansteckender Hautausschlag, der damals sehr verbreitet war. So wurden wir im Krankenzimmer einquartiert und mussten auf ärztliche Verordnung raus an die frische Luft.
Von den damals ebenfalls verbreiteten Kopfläusen sind wir verschont geblieben. Aber die Krätze hat die Runde gemacht.

© Peter Wolf

Pateneltern
Jeder Schüler unserer Klasse und wahrscheinlich auch andere Schüler, wurden von sogenannten Pateneltern betreut. Diese haben für uns die Wäsche gewaschen. Meine Pateneltern wohnten auf der Ahornalle in Seiffen, nicht weit vom Lager entfernt. Leider weiß ich ihre Namen nicht mehr. Jedesmal, wenn ich ihnen meine getragene Kleidung brachte, bekam ich im Austausch die sorgfältig gewasche-

nen und gebügelten Kleidungsstücke vom letzten Mal zurück. Oft
bekam ich auch ein Stück selbstgebackenen Kuchen. Das war einfach köstlich und ich habe es in dankbarer Erinnerung behalten.

Spielen auf der Freilichtbühne
Im Frühjahr 1944 hatte sich für das Lager *Nussknackerbaude* in der
Nachbarschaft hoher Besuch angemeldet. Der Bannführer der
Region kam in das Lager. Alle Lagerbewohner im Umkreis von un-
gefähr dreißig Kilometern mussten ebenfalls erscheinen, um der
Rede des Bannführers zuzuhören. Nahe beim Lager, in dem die
vierzehnjährigen Jungen untergebracht waren, befand sich eine
Freilichtbühne. Eingebettet in eine abenteuerliche Landschaft und
umgeben von steilen Wänden.

© Peter Wolf

Fanfarenbläser und Trommler traten auf die Bühne und spielten. Ich war einer der Fanfarenbläser. Der Bannführer hielt seine Rede, die Jugendlichen jubelten ihm zu und wir durften zum Abschluss wieder Musik spielen. Mir war total egal, was der Bannführer quatschte. Ich fand es toll, auf der Bühne zu stehen und meine Fanfare zu blasen.

Führernachwuchslager
Nach Anweisung des Lagermannschaftsführers wurden mein Klassenkamerad Horst und ich für vier Wochen in ein sogenanntes Führernachwuchslager nach Dresden-Hosterwitz zur besonderen Förderung geschickt.

Nach zwei Wochen im Führernachwuchslager bekam jeder Pimpf eine sogenannte Findungsaufgabe gestellt. Und zwar jeder eine andere Aufgabe, die am gleichen Tag erledigt sein musste.

Dazu bekamen wir eine Glatze rasiert, wir durften keine Schuhe anziehen und wir durften nur die halbe Uniform tragen, also keinen Schultergürtel, keinen Knoten. Nur das Braunhemd und die kurze Hose.

Einer bekam die Aufgabe, im Karl May Museum in Dresden-Radebeul etwas Bestimmtes in Erfahrung zu bringen.
Ein anderer musste herausbekommen, wie viele Beamte in Dresden, in allen Ämtern zusammen, beschäftigt waren.
Ich musste herausfinden, wie viele Personen auf der Elbe pro Tag mit der Personenschifffahrt und auf den Ausflugsschiffen befördert werden.

Das Führernachwuchslager befand sich auf einem Berg außerhalb von Dresden. Natürlich zu Fuß und mit leeren Taschen machte ich mich auf den Weg in die Stadt.

Zuerst musste ich herausfinden, wer die Verkehrsgesellschaft war, die für die Personenbeförderung auf der Elbe zuständig war.

Es war nicht ungefährlich, in diesem Aufzug durch die Gegend zu laufen. Leute von der Partei hätten uns für Ausreißer halten können.

Jedoch hatte ich einen Ausweis dabei, mit dem ich nachweisen konnte, dass ich dabei war, eine Findungsaufgabe zu lösen.

Unterwegs bin ich tatsächlich wegen der unvollständigen Uniform ein paar Mal unangenehm aufgefallen.

Die meisten machten abfällige Bemerkungen über mein Aussehen.

Ein Uniformierter der NSDAP sprach mich jedoch unfreundlich an, warum ich in halber Uniform unterwegs bin. Daraufhin zückte ich sofort meinen Ausweis und konnte weiter gehen.

Ich war den ganzen Tag auf den Beinen und viel zu sehr mit meiner Aufgabe beschäftigt, als dass ich an Essen und Trinken gedacht hätte.

Nach der Aufgabenerledigung machte ich mich auf den Rückweg.

Mit der Rückgabe meines Ausweises wurde registriert, dass ich wieder im Lager angekommen bin.

Manch einer kam gegen sechs Uhr zurück und mancher erst spät gegen zehn Uhr. Doch alle sind heil wieder gekommen.

Sportschule in Dresden-Tolkewitz

Ein paar Wochen später besuchte ich, wieder zusammen mit meinem Klassenkameraden Horst, eine Sportschule in Dresden-Tolkewitz.

In einem durch die NSDAP beschlagnahmten Hotel waren wir gut untergebracht. Jeder hatte ein eigenes Zimmer. Wir bekamen bestimmte Sportschuhe, die für uns etwas ganz Besonderes waren und die wir sogar behalten durften. Ebenso die hochwertigen Trainingsanzüge.

Jeden Tag wurden wir von morgens bis abends in jeder Sportart geschult. Zum Beispiel in Leichtathletik, Geräteturnen in der Halle, Schwimmen und Ballspielen.

Nach dem Mittagessen mussten wir zwei Stunden liegen und ruhen. Dann wurde weiter trainiert.

Wir haben uns oft darüber lustig gemacht, wie streng es dort war und zwischen uns gesagt: „Wenn ein Kanaldeckel hochgeht, muss man schon strammstehen und ordnungsgemäß grüßen."
Grüßte man nämlich nicht zackig genug, gab es auf jeden Fall Ärger. Die Sportlehrer waren total fanatisch.

Besuch in Thüringen – mein Vater erzählte nur die Wahrheit
Seit Ende 1943, also schon seit einigen Monaten, waren meine Mutter und meine Geschwister, außer meinem Bruder Karl, nach Thüringen evakuiert worden. In den Ort Sonnenberg bei Meiningen. Sie wohnten auf einem großen Bauernhof zusammen mit der Familie des Bauern.
Nun freute ich mich auf meine Sommerferien, weil ich meine Familie in Thüringen besuchen durfte. Kinder, deren Angehörige sich in bombengefährdeten Gebieten aufhielten, durften nicht zu einem Besuch nach Hause reisen.

Die Zugfahrt brauchte ich nicht zu bezahlen. Die Uniform eines Pimpfes, die ich trug, war so etwas wie eine Freifahrkarte. Mit meinem kleinen Köfferchen machte ich mich als nun zwölfjähriger Junge auf den Weg nach Sonnenberg.

In Meiningen stieg ich aus. Dort trat ich, wie so oft zu Fuß, den zwölf Kilometer langen Weg bis zu dem Ort an, in dem meine Familie untergebracht war. Das Wiedersehen mit meiner Familie war herzlich und fröhlich. Es flossen reichlich Freudentränen.

In den Dörfern auf dem Lande fungierte ein sogenannter Ortsbauernführer, der beraten und helfen sollte. Einige jedoch kontrollierten und schikanierten gerne.

Der Ortsbauernführer hörte von meiner Ankunft und führte ein Gespräch mit dem Bauern, bei dem wir untergekommen waren.

Dieser richtete mir dann aus: „Du hast zwar Ferien im Erzgebirge, doch hier in Thüringen haben die Ferien noch nicht begonnen. Also musst du zur Schule gehen."

Meine Begeisterung hielt sich in Grenzen, als ich frage: „Und wo ist die Schule? Ich bin in der Mittelschule."

Er antwortete kurz: „In Suhl."

Mir war nicht wohl bei dem Gedanken, schon wieder in eine neue Klasse zu kommen und schon wieder andere Kinder kennenzulernen, für die ich nur das *Bombenkind* war.

So musste ich also morgens gegen fünf Uhr aufstehen, um von dem kleinen Ort aus die zwölf Kilometer bis nach Meiningen zu laufen. So früh fuhr noch kein Bus.

Von Meiningen aus waren es noch mal dreißig Kilometer bis nach Suhl, die ich mit dem Zug gefahren bin. Kurz vor Schulbeginn, um acht Uhr, war ich im Ort.

Meine Befürchtungen bestätigten sich. Vom ersten Schultag an war ich für die anderen Kinder, die ich wegen des Thüringer Dialektes auch noch schlecht verstand, das *Bombenkind* aus der Großstadt. Als Streber wurde ich gehänselt, weil ich vor Schulbeginn schon in das Klassenzimmer gegangen bin, um den Spott auf dem Schulhof so wenig wie möglich ertragen zu müssen.

Meine Mutter schrieb meinem Vater, dass ich auch in Thüringen sei. Daraufhin machte er sich auf den Weg, um uns zu besuchen. Kaum angekommen, wurde er als Mann, der gerade aus einer Großstadt kommt, vom Ortsbauernführer in eine kleine Gaststube eingeladen. Unter anderem waren auch Männer von der NSDAP in ihrer braunen Uniform anwesend.

Mein Vater wurde ausgefragt, wie die Zustände so in Düsseldorf sind, besonders nach einem Bombenangriff.

Mein Vater berichtete, dass zum Beispiel nach jedem Bombenangriff das Deutsche Rote Kreuz Butterbrote verteilte, dass die Frauen Kaffee bekommen und dass man sich gegenseitig hilft, so gut es geht.

Mein Vater hat auch erzählt, dass einmal, drei Tage nach einem Bombenangriff, der Reichspropagandaminister Göbbels in die Stadt gekommen ist. Und dass er während seiner Ausfahrt durch Düsseldorf, in einem schicken, offenen Mercedes-Automobil, von einem Teil der Bevölkerung mit rohen Eiern beworfen wurde.

Am anderen Morgen meinte mein Vater zu mir: „Ich glaube, ich habe irgendwas falsch gemacht."

Irritiert fragte ich: „Was meinst du?"

Beschwichtigend winkte er ab: „Ach, lass mal. Wird schon nicht so schlimm gewesen sein."

Kurz danach fuhr mein Vater wieder nach Hause und ich zurück zum Erzgebirge.

Einige Tage später erfuhr ich, was meinem Vater widerfahren war: Er durchquerte den Bahnhof in Meiningen, um in den Zug zu steigen. Mitten im Bahnhof wurde er wegen Verleumdung verhaftet und nach Eisenach in ein Zuchthaus gebracht.

Verleumdung heißt, dass jemand über eine Person ehrverletzende Behauptungen aufstellt, obwohl er weiß, dass sie unwahr sind. Dabei hat mein Vater die Wahrheit erzählt, als er schilderte, dass Goebbels mit Eier beworfen wurde.
Und ein *Zuchthaus* war ein Gefängnis mit schärferen Haftbedingungen für die Gefangenen. Die Häftlinge mussten harte körperliche Arbeit bis zur Erschöpfung verrichten.

Meine Mutter ist mit meinen jüngeren Geschwistern fast jeden Tag mit dem Bus nach Eisenach gefahren. Mit der Zeit kannten sie das Fenster, hinter dem mein Vater gesessen hat und so konnten sie sich wenigstens zuwinken.

Ende 1944 ist mein Vater entlassen worden. Er war körperlich sehr geschwächt, als er nach Hause kam. Er hat nie mit mir über seinen Aufenthalt im Zuchthaus gesprochen.

Sportfeste

Verschiedene Sportfeste wurden von den Lagern, die sich in und um Seiffen herum befanden, gemeinsam veranstaltet. Wir absolvierten alle Arten der Leichtathletik, so wie man das heute noch kennt. Einmal gab es eine Besonderheit: An einem Spätsommertag 1944 liefen wir eine Marathonstrecke.

Los ging es in Seiffen, über Deutscheinsiedel, dort über die tschechische Grenze nach Böhmisch Einsiedel bis nach Brünn (heute Brüx) und wieder zurück.

Sommerfrische
Deutsch-
einsiedel
im Erzgeb.

© Kunstverlag A. & R. Adam, Dresden

Doch die Besonderheit lag nicht an dem Marathonlauf, sondern an einer ungewöhnlichen Pause, die wir unterwegs eingelegt hatten.

In Seiffen wuchsen keine Obstbäume; zumindest habe ich nie welche gesehen. Ich lief in einer kleinen Gruppe an der Spitze des Feldes. Als wir nun nach Tschechien reinkamen, rannten wir an einem Bauernhof vorbei, zu dem eine riesige Obstwiese gehörte. Unzählige Apfel- und Birnbäume wuchsen darauf und trugen die herrlichsten, reifen Früchte. Ich habe mich kurz mit den anderen verständigt und wir beschlossen, auf dem Rückweg schnell einige Früchte zu pflücken.

Nach dem Wendepunkt in Brünn kamen wir also irgendwann wieder an der Obstwiese vorbei.

Da wir noch unsere kurzen Sporthosen trugen, haben wir uns die langen Trainingshosen ausgezogen, die Hosenbeine mit zwei Knoten zusammengebunden, um dann den Bauch und das Hinterteil der Hosen mit Obst zu füllen.

Kurz nach allen Seiten umgeschaut, ob uns jemand beobachtet, haben wir uns ohne zu zögern über die Obstbäume hergemacht und uns in Windeseile die selbst gebastelten Hosen-Taschen vollgestopft. Trotz der schweren, süßen Last, die wir über unseren Schultern trugen, waren wir vier die einzigen, die den Marathonlauf erfolgreich absolvierten. Das Obst haben wir selbstverständlich mit den anderen Kindern im Lager Saxonia geteilt.

Quark an die Decke schießen

Eine Spezialität im Erzgebirge waren Kartoffeln, die mit der Schale zu weichen Pellkartoffeln gekocht wurden. Dazu gab es herzhaften Quark. Die Kartoffeln und der Quark waren großzügig mit Kümmel bestreut. Die meisten von uns konnten den Geschmack von Kümmel jedoch nicht ausstehen.

Als wir das Gericht zum ersten Mal vorgesetzt bekamen, aßen wir *mit langen Zähnen.*

Wir haben unserem Lagermannschaftsführer gesagt, dass wir Kümmel nicht mögen und wir dieses Essen beim nächsten Mal lieber ohne das unangenehme Gewürz möchten.

Wahrscheinlich hat er uns nicht ernst genommen. Auf unsere Bitte wurde überhaupt keine Rücksicht genommen.

Denn beim nächsten Mal gab es das Gericht genauso wie beim ersten Mal – mit ganz viel Kümmel.

Wieder zwang ich mir, wie auch die meisten anderen, das Essen irgendwie rein.

Als wir das gleiche Gericht einige Zeit später wieder mit viel Kümmel vorgesetzt bekamen, haben wir während des Essens unsere Nachtischlöffel genommen und damit in einem unbeobachteten Moment den Quark an die Decke geschossen.

Genutzt hat das aber auch nichts. Wir haben trotzdem immer wieder die leckeren Kartoffeln und den Quark mit viel Kümmel bekommen.

Irgendwer hat die von uns lustig fabrizierte Schweinerei dann jedes Mal von der Decke abgekratzt, da die wahren Übeltäter nie erwischt wurden.

Flucht aus dem Erzgebirge

Im Januar 1945, als die russische Armee der Deutschen Reichs-
grenze bei der Tschechischen Republik sehr nahe war, haben wir zu
viert, nämlich Werner, Otto, Jö und ich, beschlossen, aus dem KLV-
Lager abzuhauen. Seit Tagen hörten wir den Kriegslärm der immer
näher kommenden Front. Die Schüsse und die Detonationen hallten
durch die Landschaft. Die anderen Jungen aus unserer Klasse
kannten unseren Plan, doch sie hatten aus Angst vor Bestrafung
keinen Mut mitzukommen.

Zuerst haben wir uns gleich nach der Schule mit Essbarem und Lebensmittelmarken versorgt. Dazu sind wir mit mehreren Jungen in
den kleinen *Tante Emma Laden* gegangen, der zum Gasthaus
Saxonia gehörte. Ein paar von uns haben Kleinigkeiten gekauft, um
die Verkäuferin abzulenken. Währenddessen habe ich aus einer

Zigarrenkiste Lebensmittelmarken stibitzt, damit wir sie unterwegs einlösen konnten.

© Kunstverlag A. & R. Adam, Dresden

Nach dem Mittagessen sind wir vier die paar Kilometer durch den Wald zum Bahnhof gelaufen, um uns auf dem Abfahrtsplan zu informieren, wann der erste Zug nach Dresden fährt. Doch leider fuhr zu der frühen Stunde nur der Zug nach Leipzig. Also beschlossen wir mit diesem Zug zu fahren.

Am Nachmittag wurde ein Geländespiel veranstaltet, bei dem wir alle mitmachen mussten.
Als ich am Abend den Zapfenstreich auf meiner Fanfare blies und die Flagge herunter gezogen wurde, wusste ich, dass dies mein letzter Zapfenstreich in diesem Lager war - wenn man uns nicht erwischen würde.
In der Stube legten wir unsere Uniformen ab und stiegen in die Betten. Wir waren sehr aufgeregt und an Schlaf war nicht zu denken. Gegen vier Uhr in der Früh krabbelten wir aus unseren Betten. Die

Metallspinde für unsere Zivilbekleidung standen auf dem Flur. Um jeden Krach zu vermeiden, zogen wir unsere Uniformen wieder an. Das heißt, eigentlich nur die halbe Uniform: lange Hose, Braunhemd, Strümpfe, Schuhe.

Wir schlichen uns aus dem Haus. Mein Herz klopfte bis zum Hals und ich dachte, dass die anderen davon wach würden.

Im Schutz der Dunkelheit liefen wir erneut zu dem kleinen Bahnhof quer durch den Wald. Es lag noch eine dünne Schneeschicht auf dem Boden und ich machte mir Gedanken darüber, dass man uns anhand unserer Fußspuren leicht verfolgen könnte.

Wir versteckten uns neben dem Bahnhof und lauerten auf die Abfahrt des ersten Zuges. Gegen fünf Uhr rollte er los. Wir sprangen aus unserem Versteck, rannten zu dem Zug und sprangen auf den letzten Waggon, bevor der Zug schneller wurde. Das war der Arbeiterzug nach Leipzig. Wir kletterten zu viert in das Bremserhäuschen, das sich am Ende des letzten Eisenbahnanhängers befand und hockten uns auf den Boden. Das Bremserhäuschen ist ein kleiner, kastenförmiger erhöhter Wetterschutz, in dem sich die Bedieneinrichtung für eine manuell bediente Bremse befand.

Bremserhaus © fanfan - Fotolia

Die Fahrt ging mitten durch die Wälder des Erzgebirges. Es war eis-
kalt und wir froren sehr in unseren dünnen Sachen.

Spätestens beim Wecken um sechs Uhr würde man uns vermissen.
Wir haben überlegt, dass der Lagerleiter vermuten wird, dass wir in
diesen Zug eingestiegen sind. Und dass er dann die Verantwortli-
chen in Leipzig informiert, um uns gleich wieder zurückzubringen.

Also würden wir den Zug unterwegs irgendwo verlassen müssen.
Der Morgen dämmerte schon, als wir an einem kleinen Bahnhof aus
dem Bremserhäuschen gesprungen sind.
Wir liefen in einen nahe gelegenen Wald und versteckten uns dort
bis zum Abend.
In der Abenddämmerung sahen wir aus der Ferne einen Zug heran-
kommen. Wir liefen zurück bis an die Schienen. Der klapprige Zug
rollte langsam in unsere Richtung. Die Lok mit dem Kohlewagen
dahinter schnaufte gemütlich an uns vorbei, so dass ich auf dem
Schild *Dresden* lesen konnte und wir bequem wieder auf den letzten
der insgesamt fünf Waggons aufspringen konnten. Wieder hockten
wir uns in das Bremserhäuschen.

Irgendwann hatten wir die sechzig Kilometer von Seiffen bis Dresden
ohne aufzufallen hinter uns gebracht.
In Dresden wurde es gefährlich für uns, weil wir nur die halbe Uniform trugen. Also ohne Tuch, Knoten und Schulterriemen. Doch die
meisten Menschen hatten genug eigene Probleme, als auf uns zu
achten, und Uniformierten gingen wir aus dem Weg.
Wir hatten Glück und konnten Dresden in einem Schnellzug verlassen, der Richtung Westen fuhr.
In größeren Orten, wo wir nicht so auffielen, sind wir aus dem Zug
gestiegen und haben mit den Lebensmittelmarken Essen und Trinken gekauft. Die Jungen, die im Lager geblieben sind, hatten für uns
Geld gesammelt, womit wir nun bezahlen konnten. Dann mussten
wir wieder auf einen Zug warten, der Richtung Westen fuhr.

Was aus meinen zurückgebliebenen Klassenkameraden und unserem Lehrer geworden ist, habe ich nie erfahren. Ich habe sie jeden-
falls nie mehr wiedergesehen.

Ab Dresden sind wir in wechselnde Züge eingestiegen, die Richtung Westen fuhren.

Das Umsteigen in einen anderen Zug geschah meistens auf Verdacht. Wir wussten nie genau, wann und wo wir einen anderen Zug besteigen konnten. An Bahnhöfen sind wir aus Sicherheitsgründen nicht mehr ausgestiegen, sondern nur noch auf freier Strecke, wenn das Signal für den Zug auf *rot* stand.

Bis zum nächsten kleineren Dorfbahnhof gingen wir zu Fuß, um in einen von uns so genannten Bummelzug einzusteigen.

Oft haben wir die Lokführer gefragt, ob wir in der Lok mitfahren dürfen. Und das durften wir meistens. Wenn der Heizer die Kohlen schippte, haben wir die Köpfe ein- und die Schultern hochgezogen, damit wir nichts abbekamen.

So näherten wir uns stückweise dem Westen.

Nach vier Tagen erreichten wir Kassel.

Kassel ist von Dresden ungefähr dreihundertfünfzig Kilometer entfernt. Ein heutiger Autofahrer braucht bei gemütlicher Fahrt schätzungsweise vier Stunden für die gleiche Strecke.

Angriff auf Kassel

Wir standen mal wieder im Führerhaus einer Lok, als der Zug in Kassel einfuhr. Wegen einiger Umleitungen, die sich infolge beschädigter Gleise oder gesprengter Brücken ergaben, hatte der Zug außerplanmäßig Kassel angefahren. Fahrpläne hatten eh keine Bedeutung. Die Züge fuhren, wie es möglich war. Als Reisender musste man nur auf die grobe Richtung achten, um irgendwann ans Ziel zu gelangen.

Während Fahrgäste ein- und ausstiegen, verließen wir die Lok und setzten uns in einen Waggon.

Da der Kasseler Bahnhof ein sogenannter Sackbahnhof ist, also die Gleise im Bahnhof enden, ist eine Durchfahrt nicht möglich. Die Lokomotive mit Kohlenanhänger wurde abgekoppelt, um am anderen Ende wieder angekoppelt zu werden. Saß man bis dahin also im ersten Waggon, war dies nun der letzte.
Bevor der Zug sich wieder in Bewegung setzte, musste die Lok noch Wasser und Kohlen fassen.

Es dauerte also eine Zeit, bis der Zug wieder fahrbereit war. Andere Fahrgäste und wir saßen geduldig im Zug, und beobachteten das Geschehen im Bahnhof.

Mitten in diese Betriebsamkeit heulte durchdringend der furchtbare Fliegeralarm los.

Der Bahnhofsvorsteher mit der roten Mütze machte eine Durchsage über Lautsprecher an das gesamte Zugpersonal, dass wahrscheinlich ein Angriff auf Kassel bevorstehe und der Bahnhof sofort verlassen werden müsse.
Die Arbeiter ließen sich von dem Fliegeralarm nicht aufhalten und haben schnell weiter Wasser in die Lok und Kohle in den Anhänger geschafft.

Auf dem Bahnhof brach zunehmend Hektik aus. Die Menschen hasteten mit ihrem Gepäck, um einen Luftschutzbunker aufzusuchen. Interessiert, doch eigenartigerweise nicht ängstlich, verfolgte ich das Treiben. Die Lokführer trafen Absprachen über Funk, in welcher Reihenfolge die Züge aus dem Bahnhof fahren würden. Endlich setzte sich der Zug, in dem wir saßen, schnaufend und dampfend in Bewegung.
Nach und nach verließ ein Zug nach dem anderen die Bahnsteige.

Jeder Zugführer schaffte es, mit seinem Zug aus dem Bahnhof zu rollen.

Wir hatten gerade den Bahnhof verlassen, als akuter Fliegeralarm aufheulte.
Die *akute Luftgefahr* bedeutete, dass ein Ort unmittelbar bedroht wurde und die Bevölkerung war aufgefordert, sofort die Luftschutzräume aufzusuchen.

Als wir Kassel ungefähr zehn Kilometer hinter uns gelassen hatten, hielt der Zug an einer Stelle, an der die Schienen links und rechts von einer hohen Böschung eingerahmt waren. Der Dampf der Lok wurde extra nach unten abgelassen, damit, wie uns der Lokführer erklärte, er nicht weit hin sichtbar ist. Weiter erklärte uns der Lokführer, dass, falls der Zug angegriffen und beschossen würde, der Kessel nicht mehr explodieren könnte. Im Zug würde uns deswegen nichts passieren.

Wir hörten und sahen dann die Begleitjäger des ersten Bombengeschwaders, das die Stadt ansteuerte. Sie flogen in einiger Entfernung am Zug vorbei Richtung Kassel. Das Bombengeschwader dahinter, bestehend aus ungefähr dreißig riesigen Flugzeugen, flog eine Formation wie Gänse es tun. Wir sahen, wie die Piloten der Begleitjäger über Kassel Leuchtmittel abwarfen, um die Abwurfstellen für die nachfolgenden Bomber zu markieren. Langsam sanken die kleinen Fallschirme, an denen die Leuchtkerzen hingen, zu Boden. Die *Christbäume* waren gesetzt.

Wir und andere Leute, die fit genug waren, um zu fliehen, sprangen aus dem Zug.

Wir liefen um unser Leben und erreichten auf offenem Feld, nicht sehr weit vom Zug entfernt, einige Bombentrichter, die von früheren Angriffen stammten. Wir sprangen hinein und legten uns flach auf den Boden.

Wieder hörten wir das dumpfe Brummen von Flugzeugmotoren des nächsten Bombengeschwaders, welches ebenfalls Kurs auf Kassel genommen hatte. Wir schauten über den Rand des Bombentrichters, in dem wir lagen. Zur nächsten Formation gehörten ebenfalls mindestens dreißig Flugzeuge.

Einige Piloten der Begleitjäger, die zum Schutz eines jeden Bombengeschwaders mitflogen, hatten den Zug bemerkt. Sie drehten ab und beschossen den Zug und die Flaksoldaten, die nun auf dem letzten, offenen, flachen Waggon mit einem Vierlingsgeschütz zurückfeuerten. Es war deren Aufgabe, den Zug samt Insassen zu beschützen.

Irgendwann verstummte das Donnern des Vierlingsgeschützes. Da wusste ich, dass die Flaksoldaten tot sein mussten.

Die Begleitjäger drehten ab und flogen ebenfalls Richtung Stadt. Das erste Bombengeschwader hatte zwischenzeitlich Kassel erreicht und warf nun die tödliche Last ab.

Wieder spähten wir über den Rand und sahen, dass Phosphorbomben wie flüssiges Feuer auf die Stadt niederregneten und die Häuser in Flammen aufgingen. Die ganze Luft über der Stadt wirbelte nur so von Feuer und Hitze. Feuerstürme wüteten durch die Stadt. Dumpf drang der Lärm der Explosionen bis zu uns herüber. Wir sahen die schwarzen, senkrechten Streifen über der Stadt, die Stabbrandbomben beim Fallen hinterlassen. Hunderte davon wurden abgeworfen. Ich dachte an die armen Menschen, die sich jetzt dort befanden.

Nach einer endlos erscheinenden Zeit war der Angriff vorüber und die feindlichen Bomber flogen zurück. Wir waren so geschockt, dass wir eine Zeit lang nur Löcher in die Luft gestarrt haben.

Bis Werner mit tonloser Stimme fragte: „Ob wohl noch weitere Angriffe folgen?"

Otto antwortete fast sachlich: „Wir bleiben besser einfach noch hier." Und weiter: „Mann, die Flaksoldaten sind alle tot."

Ich überlegte: „Ob der Zug wohl noch fahren kann? Hoffentlich ist er nicht zu stark beschädigt."

Wir haben über eine Stunde abgewartet, bevor wir beschlossen, zum Zug zurück zu gehen.
Meine Freunde Werner, Otto, Jö und ich kletterten aus dem Bombentrichter, der uns gerettet hatte. Auch andere Menschen, die sich ebenfalls versteckt hatten, kehrten nach und nach zurück zum Zug. Als wir die Waggons erreichten, stellten wir fest, dass es kaum Überlebende gab. Der Zug war total zerschossen und nicht mehr fahrbereit. Der Lokführer hatte sich unter der Lok in Sicherheit gebracht und so den Angriff überlebt. Er wies uns alle an, zu Fuß den Gleisen zu folgen, bis wir an ein Stellwerk kommen. Er hatte einen Kollegen benachrichtigt, der sich mit einem Zug auf dem Weg Richtung Hagen befindet. Dieser würde uns dort aufnehmen. Er ermahnte uns eindringlich, dass wir uns auf gar keinen Fall von den Gleisen entfernen sollten. In den waldreichen Gebieten befanden

sich etliche Lager, in denen Kriegsgefangene untergebracht waren. Die würden wahrscheinlich nicht zimperlich mit uns umgehen, wenn sie uns in die Finger bekämen.

Wir sind ungefähr acht Kilometer zu Fuß gegangen, bis die Wälder sich lichteten und Felder sich breit machten. Nun konnten wir uns endlich ein wenig freier bewegen und an den Seiten in den Büschen mal austreten.

Als wir später Hagen erreichten, empfing uns ein bestialischer Gestank.
Die gezielten Bombenangriffe auf die Züge und die Bahnanlagen hatten wohl Teile der Kanalisation zerstört. Die Fäkalienbrühe schwappte durch den kompletten Bahnhof bis hoch an die Bahnsteige.
Da der Zugverkehr hier weitgehend eingestellt war, haben wir uns zu einem anderen Bahnhof in Hagen durchgefragt. Immer auf der Hut vor den Uniformierten. Wir wollten schließlich nicht verhaftet werden.

Endlich kamen wir an einem kleineren Bahnhof an. Schilder oder Informationstafel gab es keine. So musste man immer nachfragen, wohin ein Zug unterwegs ist.
Wir fragten also einen Lokführer, der gerade mit seinem vom Ruß geschwärzten Gesicht aus dem Seitenfenster schaute, ob der Zug Richtung Düsseldorf fährt. Zu unserer Freude sagte er, dass der Zug auch in Düsseldorf hält.

Wir stiegen in einen Waggon und setzten uns in ein Abteil auf die harten Holzbänke. Dieses Mal durften wir nicht beim Lokführer mitfahren. Sobald der Zug hielt, beobachteten wir aufmerksam die zusteigenden Leute. Wir rechneten damit, dass man uns sucht und wollten nicht riskieren, geschnappt zu werden.

Irgendwann haben wir dann Wuppertal erreicht. Nun war es nach Düsseldorf nicht mehr weit.
Kurz nachdem der Zug Wuppertal verlassen hatte, stoppte er auf freier Strecke zwischen Hochdahl und Haan. Erschrocken dachte ich, dass der Zug schon wieder angegriffen wird. Doch er hielt, weil der Zugführer noch keine Erlaubnis hatte in Düsseldorf einzufahren.

Wir sind mal wieder aus dem Zug gesprungen, um die ungefähr zwölf Kilometer zu Fuß nach Düsseldorf zu gehen. Das erschien uns sicherer, als mit unserer halben Uniform auf dem belebten Düsseldorf Hauptbahnhof rumzulaufen. Unsere größte Angst war, von den *Kettenhunden* erwischt zu werden. Diese Bezeichnung trugen die Feldgendarme, weil zu deren Uniform eine große Metallplakette mit der Aufschrift *Feldgendarmerie* gehörte, die an einer breiten Kette um den Hals getragen wurde.

Die Kettenhunde patrouillierten besonders an Bahnhöfen, weil sie flüchtige Soldaten oder waffenfähige Männer suchten und verhafteten. *Waffenfähige Männer* waren zu diesem Zeitpunkt, kurz vor Kriegsende, alle *Männer* ab sechzehn Jahre.

© Bundesarchiv - Bild 101I-738-0276-06A – Fotograf: Grimm, Arthur

In Düsseldorf angekommen, ist dann ein jeder vorsichtig zu sich
nach Hause gehuscht.

Mein Vater, der inzwischen aus dem Zuchthaus entlassen war,
meine Mutter und meine Geschwister, mittlerweile aus Thüringen
zurück, waren freudig überrascht, als ich zu Hause ankam

Nach der ersten Freude sagte mein Vater zu mir: „Junge, wir müssen dich verstecken. Wenn die Kettenhunde dich schnappen, dann
bist du weg. Du kannst nicht auf die Straße mit deiner halben Uniform, und andere Klamotten haben wir nicht für dich."

Versteck im Keller

Daraufhin hat mir mein Vater in unserem Keller, der sich unter unserer Wohnung im Erdgeschoss befand, ein Versteck gebaut. Dazu hat
er die Kohlen zur Seite geschaufelt und aus Holz einen Verschlag
gebaut. Oben an der Wand, zur Straße gelegen, befand sich ein

kleines Fensterchen, wodurch ich frische Luft bekam. Die Kohlen hat er anschließend zur Tarnung hoch vor den Bretterverschlag geschippt.

Ich bekam einen alten Stuhl in den Verschlag gestellt, einige Lumpen, um darauf zu liegen und eine Decke zum Zudecken. Mein Vater hatte mir Essen und etwas zu trinken gebracht. Wenn die Luft rein war, konnte ich zwischendurch mein Versteck kurzfristig verlassen. Nach drei Tagen hörte ich, wie einige *Kettenhunde* bei meinen Eltern aufgetaucht sind. Sie polterten mit ihren Stiefeln ins Haus und in die Wohnung. Ich bekam furchtbare Angst und fragte mich, ob ich wohl durch das kleine Fenster abhauen könnte, falls man mein Versteck entdeckt. Ich hörte Gesprächsfetzen, doch konnte ich nichts Genaues verstehen.

Nach einer endlos erscheinenden Zeit kam mein Vater und hat mich raus gelassen. Er sagte, ich solle mich nicht erwischen lassen. Also musste ich notgedrungen weiterhin im Haus bleiben, da gezielt nach mir und meinen Freunden gesucht wurde.

Mit der Zeit hatten meine Eltern mir andere Bekleidung besorgt. Doch bin ich eine ganze Weile von meiner Wohnstraße nicht weggegangen. Meine Freunde Werner, Otto und Jö habe ich in dieser Zeit auch nicht getroffen. Es war einfach zu gefährlich.
Keiner von uns ist erwischt worden.

Erst als die amerikanischen Truppen Anfang März 1945 auf der linken Rheinseite den Stadtteil Oberkassel erreichten und Düsseldorf von dort aus belagerten, brauchte ich keine Angst mehr vor den Uniformierten zu haben. Die staatliche Ordnung war von diesem Zeitpunkt an sozusagen aufgehoben.

Militärfahrzeug Richtung Venlo

Nach einer Weile besuchte ich mit einigen Freunden aus dem Wohnviertel das städtische Schwimmbad an der Kettwiger Straße. Ohne Eintritt zu zahlen, konnte dort jeder schwimmen und duschen. Die wenigsten Menschen hatten die Möglichkeit, sich zu Hause gründlich zu reinigen, da die meisten Häuser zerstört waren. Wir verließen das Schwimmbad aus dem Hinterausgang zur Albert-straße. An der nächsten Ecke, zum Höherweg, neben dem Ge-bäude, in dem ich zu Beginn des Krieges als Pimpf eingekleidet wurde, verließ gerade ein Militärfahrzeug den Hof. Dieser LKW, des-sen Ladefläche mit einer Plane überdeckt war, stoppte plötzlich neben uns.

Militärfahrzeug © Eisbaer - Fotolia

Zwei Uniformierte stiegen aus dem Führerhaus. Einer der beiden fragte in strengem Ton: „Wo kommt ihr her und wo wollt ihr hin?"

Werner log: „Wir haben meinen Großeltern geholfen und wollen jetzt nach Hause."

Der andere Uniformierte schaute auf mein Handtuch, welches ich unter meinem Arm geklemmt hielt und brüllte: „Ihr geht nirgendwo mehr hin. Ihr kommt mit uns!"

Wir protestierten schwach und argumentierten, dass unsere Eltern auf uns warten würden und wir sie vorher informieren müssten.

Aber die haben uns nur angeschrien und heftig hinten in den großen Wagen geschubst. Auf den langen Bänken rechts und links im Inneren saßen schon andere Jungen. Bekleidet mit der Uniform des Reichsarbeitsdienstes. Seit einiger Zeit wurde man schon mit sechzehn Jahren zum Reichsarbeitsdienst eingezogen, um Schützengräben zu graben, Dienstleistungen in einer Kaserne zu leisten oder um als Flakhelfer zu dienen. Doch ich war erst dreizehn.
Ich wagte noch die Frage, wohin wir denn fahren würden. Und bekam zur Antwort, dass man uns zur holländischen Grenze bringen würde, um Schützengräben zu graben. Also an die Front.

Nun saßen wir mit den uns fremden Jungen in diesem LKW und fuhren Richtung Venlo. Keiner sprach ein Wort.

Nach einer ganzen Weile durchfuhren wir den Ort Viersen-Süchteln. Zu unserem Glück befand sich auf der Straße ein riesiger Bombentrichter. Diesen musste der Fahrer ganz langsam umfahren, um nicht zu verunglücken. Meine Freunde und ich haben uns kurz angeguckt. Unsere Blicke schrien: „Raus!"
Fast zeitgleich sprangen wir hinten aus dem Schlitz in der Plane. Wir rannten wie um unser Leben, bis zum nächsten Bombentrichter und sprangen hinein. Der LKW rumpelte über die kaputte Straße, als ob nichts passiert wäre. Geduckt sind wir weiter gerannt und in irgendein Haus rein gelaufen. Hier haben wir uns versteckt, bis der LKW

außer Sichtweite war. Die anderen Jungen haben das selbstverständlich bemerkt, doch offensichtlich hatte uns keiner verraten.

Während wir auf die Dämmerung warteten, überlegten wir, wie wir am besten nach Düsseldorf zurückkämen. Wir planten, im Schutze der Dunkelheit über die alte Hammer Eisenbahnbrücke zu laufen, die nicht weit entfernt von der Südbrücke, zur Stadt hin, den Rhein überspannte.
So machten wir uns nach Einbruch der Dämmerung auf den Weg Richtung Düsseldorf. Wir flüchteten von Dorf zu Dorf. Im Wechsel rennend oder gehend. Immer auf der Hut vor den Uniformierten, die uns vielleicht suchten.

Obwohl ich aus dem Erzgebirge abgehauen war, um mein Leben zu retten, habe ich in den Augen der Nazis fast so etwas wie Fahnenflucht begangen. Ich hatte zwar keinen Eid abgelegt, aber das interessierte niemanden.

Nach einem ungefähr fünfzehn Kilometer langen Fußmarsch kamen wir in Mönchengladbach an. Hier beschlossen wir, auf einen Zug zu springen, der nach Düsseldorf fuhr.
Wir erreichten den Bahnhof und ich schaute auf einen Fahrplan, während meine Freunde aufmerksam das Bahnhofsinnere beobachteten, ob vielleicht *Kettenhunde* auftauchten. In der nächsten Stunde sollte ein Zug nach Dortmund einfahren, der über Düsseldorf fuhr.
Wir kauerten uns am Ende des Bahnsteigs neben eine Säule und warteten ungeduldig auf den Zug. Ich hoffte inständig, dass wir wieder nach Hause kommen.

Tatsächlich lief kurz darauf ein Zug ein. Außen am Waggon war ein Schild befestigt, auf dem im Verlauf der Stationen auch *Düsseldorf* zu lesen war. Aus Angst, vor den scharfen Kontrollen am Düsseldorfer Hauptbahnhof, verließen wir den Zug schon am Bilker Bahnhof. Doch auch hier musste man, wie damals üblich, vor Betreten des Bahnsteiges eine Bahnsteigkarte oder eine Fahrkarte lösen, die man beim Verlassen des Bahnhofes wieder vorzeigen musste. Da wir weder eine Bahnsteigkarte noch eine Fahrkarte hatte, sprach ich einen Mann an, der gerade den Bahnsteig verließ, ob er jedem von uns eine Bahnsteigkarte kaufen könne, da wir unsere verloren hätten. Er murmelte zwar kopfschüttelnd: „Meine Güte, wie kann man die denn verlieren?" Doch er nahm von jedem zehn Pfennig zum Kauf der Karten und reichte uns diese an. Nun konnten wir den Bahnsteig ohne aufzufallen verlassen.

Pferdefleisch
Ende Februar war der Krieg noch nicht offiziell beendet. Doch da die Amerikaner schon fast bis Neuss vorgerückt waren, einer Stadt auf der gegenüberliegenden linken Rheinseite, war es nur noch eine Frage der Zeit, bis sie Düsseldorf erreichen würden. Die meisten Menschen, auch meine Familie und unsere Nachbarn, wohnten im Keller. Entweder aus Sicherheitsgründen oder weil die Häuser zerstört waren.

Wir vier Freunde haben uns Mal wieder auf den Weg gemacht. Dieses Mal auf Fahrräder und mit leeren Rucksäcken auf dem Rücken. Wir wollten unser Glück versuchen und bei den Bauern in Grimlinghausen und Umgebung etwas Essbares erbetteln.

Als wir die Südbrücke erreichten, konnten wir dumpf die Detonationen und Schüsse der nicht allzu weit entfernten Front hören.

Deutsche Soldaten, ihre Gewehre geschultert, mit ihrem Rucksack auf dem Rücken, kamen uns müde und resigniert entgegen. Auch Pferdefuhrwerke rollten über die Brücke Richtung Düsseldorf. Lange Wagen mit zwei Achsen und großen Deichseln - ähnlich wie ein Heuwagen. Darauf lagen die Verwundeten. Notdürftig behandelt und mit Wolldecken bedeckt.

Ein Soldat sprach uns an: „Wo wollt ihr denn hin?"

Ich antwortete: „Richtung Grimlinghausen."

Entgeistert rief er: „Was!? Geht mal schnell wieder zurück. Dort ist die Front. Da wird scharf geschossen und da rollen gleich die Panzer durch. Ob ihr von dort noch mal zurückkommt, ist fraglich. Die Panzer rücken näher und schießen andauernd mit ihren Kanonen."

Wir hatten aber so großen Hunger, dass wir die Warnung ignorierten und weiter gefahren sind. Wenn man wirklich richtig großen Hunger hat, dann tut man alles Mögliche, um etwas Essbares zu bekommen. Als wir Neuss hinter uns gelassen hatten, war der Kriegslärm lautstark donnernd. Nun haben wir Angst bekommen, die größer war als unser Hunger.
Also haben wir lieber kehrt gemacht. Enttäuscht und immer noch sehr hungrig, radelten wir wieder über die Südbrücke zurück.
Wir hatten den Rhein gerade überquert, als die ersten Granaten der amerikanischen Panzer einschlugen.
Wir haben die Fahrräder zur Seite geworfen und im Straßengraben Deckung gesucht. Die Soldaten in den Fuhrwerken blieben ganz

ruhig. Es schien so, als ob ihnen das gleichgültig war, als ob sie abgestumpft waren.

Die Oberleitungen der Straßenbahn rissen einseitig ab und fielen zu Boden. Funken sprühten aus den tanzenden Leitungen. Die Einschläge der Granaten krachten und blitzten. Eine Oberleitung nach der anderen kam herunter. Ein ohrenbetäubendes, wahnsinniges Inferno, das wir aus dem Straßengraben beobachteten. Menschen und Pferde wurden getroffen und lagen tot auf der Straße. Ich dachte nur ‚hoffentlich überleben wir das'.

Nach einer endlos scheinenden Zeitspanne hörte der Beschuss auf. Wir warteten einige Minuten, krabbelten aus dem Straßengraben und schnappten uns unsere Fahrräder, die wie durch ein Wunder unbeschädigt waren.

Wie Irre fuhren wir bis zum Südfriedhof. Hier waren wir einigermaßen sicher.

Wir stoppten, schnappten nach Luft und dachten sofort an die toten Pferde und unseren Hunger. Schnell fuhren wir weiter nach Hause.

Als wir dort ankamen, haben wir das Geschehene sofort unseren Eltern erzählt. Mein Vater hat auf der Stelle Nachbarn und Freunde zusammengetrommelt. Genau wie wir zuvor, auf Fahrrädern und mit Rucksäcken auf dem Rücken, in denen scharfe Messer steckten, sind sie zur Südbrücke gefahren.

Später kamen sie mit viel Fleisch zurück. Das war für uns wie ein Feiertag.

Schuss mit der Panzerfaust
Gegen Ende des Krieges hatten viele Soldaten aufgegeben und sind von der Front geflüchtet, um nicht in Kriegsgefangenschaft zu geraten. Sie trugen nun Zivilbekleidung und haben ihre Uniformen und

Waffen einfach weggeworfen. Es lag alles irgendwo zwischen den Trümmern herum.

Meine Freunde und ich hatten gehört, dass die Skagerrak-Brücke, die heutige Oberkassler-Brücke, im Rhein lag. Sie war auf Befehl von Gauleiter Florian am 3. März 1945 von den eigenen Soldaten gesprengt worden, damit die Amerikaner nicht so einfach über den Fluss gelangen konnten. Jedoch standen die amerikanischen Verbände am linken Rheinufer, auch im Stadtteil Oberkassel, und hatten die Stadt von dort aus unter Beschuss genommen.

Ich, als dreizehnjähriges Kind, fand das alles ziemlich spannend. Ein geregeltes Leben war nicht möglich. Es gab kaum etwas zu kaufen. Man versuchte zu organisieren, was man dringend brauchte oder haben wollte. Geschäfte wurden geplündert; trotz der Warnungen der Geschäftsinhaber, dass Plünderer erschossen werden. Schulunterricht fand schon länger nicht mehr statt.

Einer meiner Freunde meinte, wir müssten unbedingt mal in die Altstadt zum Rheinufer. Gesagt – getan. Zu viert liefen wir über Straßen, die noch erhalten waren oder kletterten über Trümmerberge. Das Ausmaß der Zerstörung war unglaublich.

Die Stadt war ein einziges Trümmerfeld. Doch gelangten wir irgendwann zum Burgplatz.

Vorsichtig schlichen wir an den noch vorhandenen Grundmauern entlang, damit uns der amerikanische Pilot des patrouillierenden Aries, ein Doppeldecker Flugzeug, nicht entdeckte.

Das Beobachtungsflugzeug flog ständig Kontrollflüge bis nach Dormagen und wieder zurück. Der Pilot meldete jede Bewegung, die er auf feindlichem Gebiet wahrnahm, an die am Boden stationierten Truppen. Diese haben sofort das Feuer eröffnet und auf alles, was sich in der rechtsrheinisch liegenden Stadt bewegte, geschossen.

Hinter dem Eckhaus der letzten Häuserfront vor dem Fluss suchten wir Deckung. Aus unserem Versteck heraus beobachteten wir den Ariesbeobachter, der gerade vorbei flog.

Plötzlich hörten wir das uns schon bekannte Geräusch: „PAK"!
Der Pilot musste irgendeine auffällige Bewegung an seine Kameraden durchgegeben haben. Diese reagierten, indem sie das Feuer

eröffneten. Ob wir gemeint waren, weiß ich nicht. Jedoch waren die Einschläge der Granaten gefährlich nahe.

Als der Beschuss aufhörte, und sich das Flugzeug wieder weit genug entfernt hatte, trauten wir uns so weit hinter der Ecke hervor, dass wir die Brücke sehen konnten, die im Wasser lag.

Wir zogen uns wieder hinter die Ecke zurück, als mein Freund Helmut sagte: „Guckt mal, da drüben liegt eine Panzerfaust."

Dabei zeigte er auf die andere Seite des Platzes, wo die Panzerfaust zwischen den Trümmern lag.
Die Waffe bestand aus einem fast einen Meter langen Stahlrohr. Darauf befand sich eine einfache, klappbare Zielvorrichtung mit einer Abfeuerungseinrichtung. Vorne drauf steckte die mit Sprengstoff gefüllte, tropfenförmige Granate, die an ihrer dicksten Stelle einen Durchmesser von ungefähr fünfzehn Zentimetern hatte.

Helmut überlegte laut: „Wie kommen wir denn da ran, ohne dass die da drüben uns sehen?"

„Wir müssen eben die ganze Zeit in Deckung bleiben", antwortete ich aufgeregt.

Geduckt und zwischen den Trümmern Schutz suchend, sind wir auf die andere Seite des Burgplatzes gelaufen. Helmut hat sich rasch die Panzerfaust geschnappt und wir sind auf dem gleichen Weg zurück zum Versteck hinter dem Eckhaus.

„Was machen wir denn jetzt damit?", fragte Otto ziemlich naiv.

Helmut antwortete wagemutig: „Wir schießen auf die Brücke – ist doch klar."

Aus der *Deutschen Wochenschau* wussten wir, wie man mit einer Panzerfaust umgeht. Vor allen Dingen, dass sie beim Abfeuern keinen Rückschlag hat und ein mächtiger Feuerstrahl hinten raus schießt. Also hat Helmut, der war der Größte und Kräftigste von uns, das Ding entsichert. Er hat die Metallschiene aufgeklappt, die sich auf dem Abschussrohr befand. Das war die Zielvorrichtung.

Der Doppeldecker war außer Sichtweite. Wir verließen wieder den Schutz der Hausecke und schauten auf die zerstörte Skagerrak-Brücke im Rhein. Helmut legte sich die Panzerfaust auf die Schulter und betätigte den Abzug. Gleichzeitig schoss die Granate auf die Brücke und ein gewaltiger Feuerstrahl aus der Rückseite des Rohres.
Wir sahen noch, wie die Granate in die Brücke schlug und explodierte.

Sofort eröffneten die Amerikaner das Feuer auf uns. Wir konnten gerade noch rechtzeitig hinter die Hausecke springen. Die Amerikaner haben wie verrückt auf uns geschossen. Wir fühlten uns einigermaßen sicher hinter der Häuserfront und sind rasch in deren Schutz abgehauen, bevor das Beobachtungsflugzeug wieder zurückkam.

Ich sagte noch beeindruckt: „Mensch, das war ja eine tolles Ding."

Und Helmut begeistert: „Ja, habt Ihr gesehen, was für ein Loch die Granate in die Brücke gerissen hat?"

Den ganzen Heimweg haben wir eifrig darüber geschwatzt, wie die Granate loszischte und in die Stahlkonstruktion der Brücke schlug.

Trümmerberg - *Monte Klamotte*

Am Aachener Platz, im Stadtteil Bilk, ist ein ungefähr dreißig Meter hoher Schuttberg entstanden, den die Lastwagen auf einer Serpentinenstraße befuhren. Dieser Berg wurde im Volksmund *Monte Klamotte* genannt. Er war auf eine erschreckende Art faszinierend. Nur Trümmerteile der zerstörten Stadt.

Neben dem Berg befand sich ein riesiges Mahlwerk, in dem aus den Trümmersteinen grober Sand gemahlen wurde.

Mit dem Sand wurde zum Beispiel eine behelfsmäßig zusammengezimmerte Fabrik am Lessingplatz beliefert. Einem großen Platz im Stadtteil Oberbilk, auf dem heute ein Spiel- und Bolzplatz sowie ein kleiner Park angelegt sind. Hier wurden neue Dachpfannen hergestellt, wozu der grobe Sand mit einer kleinen Lorenbahn herangeschafft wurde. Dann wurden aus dem *Steinmehl* in Handarbeit die Dachziegel hergestellt, indem die Arbeiter feuchten Sandbrei in Holzformen drückten. Die Arbeiter waren Kriegsgefangene aus anderen Ländern. Sie wohnten in Holzbaracken, also in primitiven, einstöckigen Bauten mit flachem Dach. Die Männer taten mir leid, weil sie so viel arbeiten mussten. Meine Freunde und ich haben uns oft zu den Baracken geschlichen. Sobald die Aufseher unaufmerksam waren, warfen wir den Männern etwas zu essen durch die Fenster, obwohl wir selbst nicht viel hatten.

© Bundesarchiv - Bild 183-T00286 – Fotograf: Kümpfel

Wegen Winterporree unter Beschuss

Die Südbrücke war nun ebenfalls zerstört. Düsseldorf lag unter ständigem Beschuss durch die Amerikaner, die die linke Rheinseite besetzt hatten. Der Aries, das Beobachtungsflugzeug, flog immer noch bis nach Dormagen und zurück, um jede Bewegung zu melden.

Ich sagte meiner Mutter Bescheid, dass ich mit einigen Freunden auf dem Fahrrad Richtung Hamm zum Rhein fahren würde. Ich hatte gehört, dass auf den Feldern dort Winterporree wachsen soll.

Meine Mutter schlug die Hände zusammen und drohte mir: „Wage es nicht zum Rhein zu fahren. Das ist viel zu gefährlich."

„Aber dort soll Gemüse wachsen und wir haben doch alle Hunger", lautete mein Einwand.

Meine Mutter war außer sich: „Du hast bis jetzt überlebt und willst dich wegen Gemüse abschießen lassen?"

Trotz der Besorgnis meiner Mutter, bin ich zusammen mit meinen Freunden losgeradelt. Mein Vater organisierte schließlich auch die ganze Zeit Dinge, die das Leben leichter machten. Dazu fuhr er mit einem alten Postfahrrad durch die Gegend. An diesem war vorne ein großer viereckiger Korb aus Metall befestigt mit einem riesigen Klappständer darunter. Somit war es ein hilfreiches Transportmittel.

Im Schutz der Bäume des heutigen Südrings fuhren wir unbemerkt vom Piloten des Aries-Beobachters bis zum Südfriedhof. Die verlassene Gärtnerei bot einen düsteren und traurigen Anblick. Am Haupteingang stellten wir unsere Räder ab. Wir trugen Säcke bei uns, in der Hoffnung, sie bis an den Rand füllen zu können. Nun liefen wir am Friedhof vorbei. Von einer Deckung zur nächsten rennend, damit uns der Pilot des Aries nicht entdeckt, erreichten wir unbemerkt den Feldrain.

Flach auf dem Boden liegend, robbten wir vorwärts und stopften eifrig Porree in die Säcke. Alles, was wir erreichen konnten, haben wir ausgerupft und in die Säcke gepackt. Ich habe mich schon auf das Festmahl gefreut, welches meine Mutter damit zubereiten würde.
Auf einmal ging es los: „Pack! - Zzzsch", hörte ich das mir schon bekannte Geräusch einer Panzerabwehrkanone – kurz *Pak* genannt.

In einiger Entfernung schlug die Granate auf das Feld.
Zu Tode erschrocken verharrten wir in der Bewegung.
Ich hatte irrsinnige Angst.

Werner zischte: „Die haben uns gesehen! Was machen wir denn jetzt?"

Otto fragte angstvoll: „Sollen wir die Säcke liegen lassen?"

Ich antwortete: „Nein, auf keinen Fall. Die nehmen wir mit."

Werner: „Guckt mal da drüben, da kommt wieder der Aries-Beobachter. Der muss uns gesehen haben."

Wieder und wieder explodierten Granaten auf dem Feld und rissen Löcher in den Boden.
Zuerst hörte ich „pack" und augenblicklich schlugen die Dinger ein.

„Lasst uns verstreut wegrennen", schrie Werner.

Das war eine gute Idee. In einer Fächerformation flitzten wir, einer hierhin und einer dorthin, runter vom Feld, damit wir nicht alle gleichzeitig getroffen würden. So konnten vielleicht einige von uns überleben. Ich presste den halb gefüllten Jutesack vor meine Brust und rannte Haken schlagend wieder einmal um mein Leben.

Wir trafen uns glücklicherweise alle unversehrt bei den Fahrrädern wieder.

Zu Hause war die Freude über unsere Ernte groß. Wir haben fast eine Woche lang Porree in allen Variationen gegessen. Es gab Porree-Gemüse, Porree-Frikadellen, Porree-Rouladen, Porree-Reibekuchen, Porree-Salat.
Seitdem mag ich keinen Porree mehr essen.

Amerikaner kommen in die Stadt

Nach fast siebenwöchigem Beschuss rückten am 17. April 1945 amerikanische Truppen in Düsseldorf ein. Auch über die breite Kölner Straße rollten die Panzer an den Hausruinen vorbei. Die Bewohner hatten zum Zeichen des Friedens weiße Tücher und Bettlaken aus den Fenstern gehangen. Neugierig haben wir Kinder zwischen anderen Menschen dort gestanden und bekamen von den amerikanischen Soldaten Kaugummi und Schokolade. Das war eine Freude.

Einige Zeit später bekamen wir auch den Inhalt der sogenannten Care-Pakete. Hellbraune Päckchen, gefüllt mit Zigaretten, Kaugummi, Kekse, Butter und Schwarzbrot in Dosen. Wir haben dazu *Ein-Mann-Paket* gesagt. Ein Soldat konnte sich im Notfall davon eine Woche ernähren.

Ich hole meinen Bruder nach Hause

Mein jüngerer Bruder wurde im Rahmen der Kinderlandverschickung von Dettelbach aus in die Rhön evakuiert. Das ist ein großes Mittelgebirge, das an Bayern, Hessen und Thüringen grenzt. Wo genau er sich aufhielt und ob er noch lebte, wussten wir nicht. In Deutschland herrschte ein einziges Chaos. Die Großstädte waren zum größten Teil zerstört und sehr viele Menschen entweder tot, in Kriegsgefangenschaft geraten oder vermisst. Verzweifelte Nachfragen meiner Eltern bei den zuständigen Ämtern halfen nicht weiter.

Dank einer Nachbarin, die schon in den ersten Kriegstagen zu Verwandten in die Nähe von Schweinfurt gezogen ist, bekamen meine Eltern endlich ein Lebenszeichen von Karl. Sie war nun ebenfalls zurück in Düsseldorf und besuchte meine Mutter.

Aufgeregt erzählte sie, dass sie wüsste, wo mein Bruder ist.

Meine Eltern waren sehr erleichtert. Da die nette Frau noch einmal nach Schweinfurt fahren musste, um ihre Möbel abzuholen, schlug sie vor, ich solle mitfahren und meinen Bruder nach Hause holen. Meine Eltern und ich fanden den Vorschlag toll. Und so bin ich mitgefahren.

Die Nachbarin hat für uns beide die Fahrkarten besorgt.

Wie alle anderen bekam ich von der zuständigen Besatzungsmacht eine Art Personalausweis ausgestellt, mit dem ich mich nicht mehr als hundert Kilometer vom Wohnort entfernen durfte.

Es handelte sich um ein längliches Stück Papier, etwa halbes DIN A 5 Format. Auf der einen Seite waren die Personalien vermerkt und auf der anderen Seite war eine kleine Landkarte abgebildet.

Meine Mutter hat mir mal wieder mein kleines Köfferchen mit einigen Klamotten gepackt. Dazu gehörten unter anderem frische Strümpfe, Waschzeug, wozu Schwemmseife gehörte, die aus Tierknochen hergestellt wurde, und ein Messer. Zusätzlich ein ganzer Laib Brot, von dem ich mich eine unbestimmte Zeit ernähren musste.

Dann sind die Nachbarin und ich zum Hauptbahnhof gegangen. Nach vielem Fragen und langem Warten sind wir endlich am späten Nachmittag mit einem Zug Richtung Südost losgefahren.

Doch leider sind wir nur bis Wuppertal gekommen. Der Zug stoppte und fuhr einfach nicht mehr weiter. Die Nacht haben wir im Zug verbracht.

Die meisten Gleisstrecken waren zerstört. Deshalb mussten die Züge ständig umgeleitet werden und konnten nur so fahren, wie es angewiesen wurde. Auf diese Art und Weise, und weil wir nicht auffallen durften und uns zwischendurch verstecken mussten, brauchten wir fünf Tage bis nach Schweinfurt.

Endlich in Schweinfurt angekommen, mussten wir weiterhin sehr wachsam sein, um nicht entdeckt zu werden. Immerhin hatten wir uns mehr als hundert Kilometer vom Wohnort entfernt.

Unsere Nachbarin wollte sich irgendwo verstecken, um die Dunkelheit abzuwarten und dann erst weiter zu reisen.

Ich wollte nun auf eigene Faust den Weg fortsetzen. Höflich bedankte ich mich, sie wünschte mir viel Glück und unsere Wege trennten sich.

Zügig und mich unauffällig umschauend, verließ ich den Bahnsteig mit der Nummer fünf. In großen Kreisen bin ich geduckt über die Schienen und von Bahnsteig zu Bahnsteig gelaufen. Immer auf der Hut, nicht erwischt zu werden. In der Dämmerung wagte ich es auf die nahe Straße zu gehen, die mich zu dem ungefähr achtzehn Kilometer entfernten Dorf bringen sollte, in dem mein Bruder nun wohnte. Den Namen des Ortes weiß ich jetzt nicht mehr. Ich lief los, mit meinem Köfferchen in der Hand, in dem ich noch ein kleines Stück Brot verwahrte.

Irgendwann kam ich in ein Dorf. In einem der wenigen Häuer brannte noch Licht. Ich klopfte an die Haustür in der Hoffnung, dass ich dort etwas zu essen bekomme. Eine Frau schaute aus dem Fenster und fragte erstaunt: „Wer bist du denn, und was machst du hier?"

Ich sagte höflich: „Ich muss zu meinem Bruder."

Die Frau entsetzt: „Aber doch nicht jetzt, mitten in der Nacht."

„Doch, ich muss weiter. Darf ich vielleicht etwas zu essen bekommen?".

Die freundliche Frau öffnete mir die Tür und ich schlüpfte in das behagliche Häuschen.

Ich durfte mich an den Küchentisch setzen und sie machte sich am Herd zu schaffen. Ihr Mann saß schläfrig in einem Sessel. Die sympathische Frau briet mir in Scheiben geschnittene Knödel vom Mittagessen.

Ihr Mann fragte mich: „Junge, wo kommst du denn her?"

Ich antwortete lebhaft: „Ich komme aus Düsseldorf und muss zu meinem Bruder."

Ungläubig riss der Mann die Augen auf und wurde schlagartig hellwach:
„Du kommst aus Düsseldorf? Wie bist du hierher gekommen und wie lange hast du dafür gebraucht?"

Während ich die leckeren gebratenen Knödel aß, erzählte ich, wie ich es geschafft hatte, von Düsseldorf bis zu diesem Dorf zu kommen, von meiner Kinderlandverschickung im Erzgebirge und ausführlich über die Bombenangriffe auf Düsseldorf und wie wir ausgebombt wurden. Dann wollte er noch wissen, was ich in den letzten fünf Tagen gegessen hatte.

Ich sagte: „Meine Mutter hat mir ein Brot mitgegeben. Davon habe ich jeden Tag ein kleines Stück gegessen. Nun habe ich nur noch wenig davon übrig."

Später am Abend hat mir die nette Frau eine Schlafstelle vorbereitet und ich durfte dort die Nacht verbringen. Das hat gut getan. Mit vol-

lem Magen in einem gemütlichen und sicheren Bett zu liegen. So gut
hatte ich schon lange nicht mehr geschlafen.

Am nächsten Morgen wurde ich gegen sieben Uhr geweckt, wie ich
darum gebeten hatte. Schließlich wollte ich meinen Bruder so schnell
wie möglich finden. Die freundliche Frau bereitete mir ein leckeres,
reichhaltiges Frühstück und gab mir für unterwegs Proviant mit.

Ich bedankte mich artig und verabschiedete mich. Nun war ich also
wieder auf der Straße und marschierte in Richtung des Dorfes, wo
mein Bruder wahrscheinlich zu finden war.
Ich durchlief mehrere Dörfer, die alle wohlbehalten waren und nie
von einer Bombe getroffen worden sind.

Nach geraumer Zeit tauchte in der Ferne ein Hügel auf und über
dem Hügel hinweg war eine Kirchturmspitze zu sehen.
Das musste, nach der Erklärung des freundlichen Ehepaars, bei dem
ich übernachtete, das Dorf sein, in dem mein Bruder auf einem
Bauernhof leben sollte.

Nachdem ich auf dem Gipfel des Hügels angekommen bin, sah ich
nicht nur den Kirchturm und die dazugehörige Kirche, sondern etwas
weiter davon einen Jungen an einem Holzbock stehen, der Holz
hackte.

Vor Aufregung blieb mir fast das Herz stehen. Von den Umrissen der
Statur her konnte es nur mein Bruder sein. Das Bild habe ich heute
noch vor Augen.

Voller Freude lief ich den Hügel hinunter und tatsächlich handelte es
sich bei dem Jungen um meinen Bruder.
Wir fielen uns in die Arme und begrüßten uns heftig.

Aber dann sagte mein Bruder: „Mensch Peter, du willst mich doch hier nicht wegholen? Mit geht es sehr gut. Ich gehe zur Schule, habe genug zu essen und es fallen keine Bomben. Ich will hier bleiben!"

Ich antwortete erschrocken: „Das geht doch nicht!", und weiter: „Unsere Eltern machen sich große Sorgen. In Düsseldorf fallen auch keine Bomben mehr. Der Krieg ist vorbei."

Ich setzte meine ganze Überredungskunst ein und wir kamen überein, dass wir noch sechs Tage hier bleiben und dann gemeinsam nach Düsseldorf zurückfahren würden.

So lernte ich den Bauern und seine Frau kennen, die mich herzlich willkommen hießen. Mit meinem Bruder zusammen wohnte ich für die kurze Zeit im gleichen Zimmer. Gerne bin ich mit dem Traktor gefahren, um frisches Futter für die Rinder zu holen. Bei der Heuernte habe ich ebenfalls geholfen und tüchtig geschwitzt. Die Bäuerin entschädigte mich dafür mit leckeren Mahlzeiten.

Der Bauer fand es sehr mutig von mir und war beeindruckt, dass ich so einen weiten Weg mit so enormen Strapazen zurückgelegt hatte.

Sie hätten nichts dagegen gehabt, wenn mein Bruder für immer geblieben wäre. Doch haben sie die Entscheidung darüber uns überlassen.

Am Tag des Abschieds packte uns die gutherzige Frau Proviant für unterwegs ein. In meinem Köfferchen befanden sich unter anderem ein Laib selbst gebackenes Brot, mindestens ein Pfund Mehl, in das einige gekochte Eier *verpackt* waren, ein paar große Stücke Wurst aus eigener Schlachtung und eine Flasche Wasser.

Bevor wir losgingen, hatte uns das Ehepaar noch eindringlich einge-
schärft, nicht in die Nähe eines ehemaligen Kriegsgefangenenlagers
zu gehen. Es hätte sein können, dass noch nicht alle einstmaligen
Gefangene ihren Heimweg angetreten haben und sich noch in den
Lagern aufhielten. Diese rauen Gesellen würden uns im günstigsten
Fall wahrscheinlich nur unser Essen abnehmen. Wir mussten hoch
und heilig versprechen, sehr vorsichtig zu sein. Meinem Bruder
merkte man den Verdruss über das Verlassen der Pflegefamilie an.
Doch ich wusste ja, wie sehr unsere Mutter ihn vermisste. Sie wollte
verständlicherweise alle Kinder wieder bei sich haben.

So sind wir beide losmarschiert. Ich, der dreizehnjährige Junge, mit
dem elfjährigen Bruder. Wir hatten eine höllische Angst vor einer
Begegnung mit ehemaligen Kriegsgefangenen. Aus Furcht vor
einem Überfall trauten wir uns nicht, auf der Straße zu gehen. Also
schlichen wir am Straßenrand durch die Wälder und über Felder,
immer das nächste Dorf im Blick, um den Weg nach Schweinfurt
nicht zu verlieren. Der Fußmarsch bis Schweinfuhrt dauerte ungefähr
sechs Stunden.

Endlich am Bahnhof in Schweinfurt angekommen, fanden wir einen
Güterzug, dessen Waggons mit Grubenholz beladen waren. Mit
dicken Baumstämmen, die für den Bergbau gebraucht wurden. Ich
dachte mir, dass dieser Zug ins Ruhrgebiet fahren würde. Wir haben
uns zwischen den Baumstämmen verkrochen und sind mit diesem
Zug ein Stück Richtung Westen gefahren. Zwischendurch haben wir
dann immer mal wieder den Zug gewechselt. Einen Fahrplan oder
geregelte Fahrten gab es nicht.

Fuhr ein Zug in einen Bahnhof ein, wurde der Lokführer von den
Reisenden gefragt, wohin er fährt. Wenn ich hörte, dass ein Zug

Richtung Westen fuhr, sind wir mitgefahren. Am liebsten hockten wir in den Bremserhäuschen. Dort konnten wir in Ruhe unsere Lebensmittel essen, ohne dass es anderen Passagieren auffiel. Wir hatten immer noch Angst davor, überfallen zu werden und malten uns aus, dass uns in einem solchen Fall unser Proviant abgenommen würde. Es gab schließlich kaum etwas zu essen und wir hatten somit einen Schatz in unseren Taschen.

Die Rückreise nach Düsseldorf hat sieben Tage gedauert. Das ständige Wechseln der Züge, das Verstecken und das Schlafen zwischen Holz oder Kohle waren sehr ermüdend. So waren wir heilfroh, endlich in Düsseldorf angekommen zu sein.

Den Bahnhof konnten wir nicht durch den Hauptausgang verlassen. Man musste beim Verlassen des Bahnhofs eine gültige Fahrkarte oder Bahnsteigkarte vorzeigen; und die hatten wir ja nicht. Also sind wir auf dem Bahnsteig und an den Gleisen entlang gelaufen, bis zum Flakturm an der Bandelstraße. Dort haben wir die Treppe des Flakturms genutzt, um auf die Straße zu gelangen.

Ach, wie hat sich unsere Mutter gefreut, als wir beide plötzlich im Türrahmen standen. Sie hat mindestens so heftig geweint, wie bei der Verabschiedung, als wir in die Kinderlandverschickung gefahren sind. Doch dieses Mal waren es Freudentränen.

Öl im Hafen

Nachdem die Lebensmittelgeschäfte, trotz Androhung drastischer Strafen, leer geplündert waren, ging das Gerücht um, *dass im Hafen noch etwas zu holen sei.* Es gäbe keine Kontrollen mehr im Hafengebiet, sodass ein jeder bis an die Lagerhäuser käme.

Einige Freunde und ich sind losgezogen, um etwas zu erhaschen. Am liebsten natürlich etwas Essbares. Doch wir kamen viel zu spät. Es gab nur noch Kartoffelmehl - und Speiseöl.

Die Tanks, in denen das Öl gelagert wurde, befanden sich im Untergeschoss eines Lagerhauses. Eine lange Rampe für die LKW führte hinunter bis an die Tanks.

Menschen, ausgestattet mit Milchkannen, leeren Flaschen und Gefäßen aller Art, haben die Tanks angezapft. Um so viel wie möglich davon nach Hause zu tragen, haben die meisten Leute ihre Gefäße bis an den Rand gefüllt. Der eine oder andere hatte dann schon mal auf der Rampe mit dem Öl geschlabbert. Mit der Zeit ist der Boden dermaßen rutschig geworden, dass Gehen auf der Rampe nicht mehr möglich war.

So sehr sich die Männer und Frauen abmühten, es war einfach nicht möglich, zurück nach oben zu kommen. Einer rutschte aus, riss dabei noch einen weiteren mit und beide suhlten sich im Öl. Einige versuchten vergebens, Halt an den Wänden zu finden; die Füße rutschten trotzdem weg.

Endlich hatte jemand die Idee, eine Kette zu bilden. So hielten sich mindestens vierzehn Männer an den Händen fest, damit die menschliche Kette bis nach unten reichte. Die Leute begannen, sich an der Menschenkette nach oben zu hangeln. Zuletzt löste sich die Kette von unten nach oben wieder auf.

Plündern nicht getraut

Die Düsseldorfer hungerten, wie alle Menschen in den zerstörten Städten. In den ländlichen Gebieten war meistens noch etwas Essbares aufzutreiben. Im Tausch gegen wertvollen Hausrat oder Schmuck gaben die Bauern in Düsseldorf-Hamm Nahrungsmittel ab.

Aus Verzweiflung plünderten viele Menschen. Das heißt, sie brachen in Geschäfte ein oder durchsuchten verlassene, stadtnahe Bauernhöfe nach etwas Essbarem. Ich habe mich nicht getraut zu plündern. Vor den Bauernhöfen standen Schilder mit Aufschriften wie zum Beispiel: *Plündern wird mit dem Tode bestraft.*

Mein Freund Helmut, der die Panzerfaust abgeschossen hat, ist auf einem Bauernhof zu Tode gekommen. Helmut war zusammen mit seinem Vater auf den verlassenen Hof gegangen, um etwas Essbares zu suchen. Er trat auf eine Mine, die daraufhin explodierte. Seinem Vater ist nichts passiert.

In der Stadt gab es nichts mehr zu plündern. Die Geschäfte hinter den aufgebrochenen Türen waren leer. Die Schilder mit der Aufschrift: *Plündern wird mit dem Tode bestraft* beeindruckten niemanden mehr. Die Ladenbesitzer waren entweder tot oder geflohen.

Zum Stoppeln auf die andere Rheinseite

Als die von den Amerikanern behelfsmäßig errichtete Pontonbrücke einige Wochen nach Kriegsende für Fußgänger und Radfahrer freigegeben wurde, radelten wir mit Taschen und Säcken zum Kartoffelstoppeln auf die andere Rheinseite. Diese schwimmende Brücke führte von Volmerswerth nach Grimlinghausen.

Nachdem die Bauern ihre Felder abgeerntet hatten, durfte jeder andere dort die Reste zusammensuchen, die die Erntemaschinen nicht gepackt hatten.

Oft habe ich beim Rückweg auf der Brücke gesehen, wie amerikanische Soldaten den Erwachsenen die vollen Taschen wegnahmen und die Lebensmittel in den Fluss schütteten. Wir Kinder hatten Glück. Uns haben sie nie etwas abgenommen.

Mit der Zeit sprach es sich herum, dass die schwarzen Soldaten freundlicher waren und so gut wie nie die Lebensmittel wegnahmen. So haben also die Erwachsenen mehr oder weniger unauffällig vor einer Brückenüberquerung gewartet, bis eine Wachablösung stattgefunden hat, und ein schwarzer Soldat Dienst hatte.

Schwarzmarkt

Nach Kriegsende entstand zwangsläufig aus der Not heraus ein *Schwarzmarkt.*

Die Geschäfte, soweit nicht zerstört, hatten keine Ware. Man konnte also dort nichts kaufen. Das Geld, sofern man welches hatte, war kaum etwas wert. So entwickelte sich auf den Schwarzmärkten ein reger Handel. Man verkaufte oder tauschte, was man noch gerettet oder irgendwie organisiert hatte, gegen etwas, was man dringend brauchte. Überwiegend wurden von den Käufern Lebensmittel jeglicher Art verlangt.

Diese Geschäfte waren nicht legal, weil der Staat dadurch keine Steuereinnahmen bekam.

Der Schwarzmarkt blühte auf jeden Fall. Man konnte Kaffee, Zigaretten, Kaugummi, Schokolade, belegte Brötchen, eben alles Mögliche bekommen, was das Herz begehrte. Vorausgesetzt, man hatte entsprechende Tauschobjekte oder genug Geld. Die meisten Schwarzhändler standen neben dem Hauptbahnhof, Richtung Graf-Adolf-Straße, und warteten auf Kundschaft. Sobald Polizei in Sicht war, verschwanden die Händler blitzschnell.

Eine amerikanische Zigarette hat eine Zeit lang auf dem Schwarzmarkt fünf Reichsmark gekostet. Eine selbstgedrehte Zigarette von Frau Friesekoten, die auf der Bandelstraße im Parterre wohnte, kostete drei Reichsmark.

Sobald ein Käufer sich unbeobachtet fühlte, klopfte er bei Friesekoten am Fenster. Dann brauchte er nur mit den Fingern zu zeigen, wie viel Zigaretten er kaufen wollte.

Daraufhin wurde die angezeigte Zigarettenmenge unauffällig aus dem Fenster heraus und das Geld hinein gereicht.

Bei Familie Lübking, die Parterre auf der Dreieckstraße wohnte, kostete ein Lot Kaffe acht Reichsmark.

Wir Kinder sammelten Zigarettenkippen. Die Amerikaner haben meistens lange Kippen weggeschmissen, aus denen wir noch viel Tabak rausholen konnten. Aus ungefähr sieben Kippen konnte mein Vater eine Zigarette drehen. Zigaretten waren begehrte Tauschobjekte und mehr wert als Geld.

Trümmerverwertung nach Kinderart

Einige Jungen aus der Nachbarschaft und ich haben in den Trümmern, also in und zwischen den zerstörten Häusern, nach Verwertbarem gesucht. Nach Eisen, Blei, Kupfer und Holz. Wegen der Lebensgefahr in den instabilen Ruinen, war das Betreten strengstens verboten. Es war jedoch nützlich und auf jeden Fall sehr abenteuerlich.

Die zimmerlangen Deckenbalken haben wir zur Bandelstraße geschleppt. Zu einem Mann namens Kopatsch. Er hatte auf einem Trümmergrundstück den Schutt zur Seite geräumt und im Hof eine Bandsäge aufgestellt. Die ungefähr vier bis fünf Meter langen Vierkantbalken hat er für uns klein gesägt. Mit einer Karre transportierten wir die klein gesägten Holzklötze bis vor unsere Haustür und hackten sie zu schmalen Stückchen, die wir als Feuerholz verkauften.
Für einen Sack Feuerholz habe ich hundert Reichsmark bekommen.
Für zweihundertfünfzig Reichsmark konnte ich ein ganzes Brot auf dem Schwarzmarkt kaufen. Herr Kopatsch hat einen Teil des Holzes behalten, als eine Art Lohn für das Sägen.

Auch andere verwertbare Materialien, die wir fanden oder ausbauen konnten, haben wir aus den Trümmern geholt. Zum Beispiel Heizkörper, Eisenträger, Kupferleitungen, Wasserrohre, Badewannen und Balkongeländer. Immer unter Lebensgefahr, weil wir von herunterstürzenden Decken oder zusammenbrechenden Häusern er-schlagen werden konnten. Diese Dinge brachten wir zu Herrn Epping auf die Lessingstraße, einem Schrotthändler, der uns dafür Bargeld auszahlte.

Desweiteren auch noch erhaltene Mauersteine. Diese befreiten wir noch am Fundort zwischen den zerstörten Häusern vom alten Mörtel und beförderten sie mit einer geliehenen Handkarre zu unserer Straße. Dort haben wir sie in Blöcke zu tausend Steinen am Stra-ßenrand gestapelt und verkauft. Das sprach sich schnell herum, so dass wir bald Vorbestellungen von Kunden bekamen. Den Erlös haben wir aufgeteilt, um uns auf dem Schwarzmarkt Lebensmittel kaufen zu können. Darunter auch Kaugummi, den wir mindestens zwei Wochen lang gekaut haben.

Phosphorbombe – nicht nur gefunden
Bei einer dieser Suchaktionen nach verwertbaren Dingen, haben meine Freunde und ich auf dem zerstörten Fabrikgelände der Firma *De Limon Flume* auf der Industriestraße einen Blindgänger, also eine nicht explodierte Phosphorbombe, gefunden. Wir überlegten, was damit anzufangen sei und kamen auf die dumme Idee, diese Bombe zur Explosion zu bringen. Somit schleppten wir das schwere Ding abwechselnd zu einem ausgebrannten Haus gegenüber der Fabrik. Über die wackelige Treppenkonstruktion, die noch im Mauerwerk steckte, sind wir bis ganz nach oben geklettert. Dort bewegten wir uns in Richtung eines Fensters, das zum Hinterhof zeigte. Zu dritt hoben wir die schwere Bombe auf den noch vorhandenen Fenster-sims. Auf *drei* warfen wir mit aller Kraft die Bombe so weit wir konn-ten in den Hof. Mit einem Donnerschlag entzündete sich der Phos-phor, als er Kontakt mit dem Sauerstoff in der Luft bekam. Eine rie-

sige Stichflamme schoss empor und es kam zu einer starken, weißen Rauchentwicklung, die uns glücklicherweise nicht erreichte.
Wir hatten uns vorher überlegt, dass ja schließlich nichts anderes
mehr brennen konnte. Es war ja schon alles verbrannt. Als das
Feuer nach einiger Zeit von alleine ausging, sind wir wieder runter
geklettert.

Niemand störte sich an unserer Aktion. Ich hatte sogar den Eindruck,
dass diese von niemandem wahrgenommen wurde.

Hinterher habe ich erfahren, dass sich weißer Phosphor durch Kontakt mit Sauerstoff, der in der Luft enthalten ist, entzündet, und mit
einer über tausend Grad heißen Flamme brennt. Der weiße Rauch,
der dabei entsteht ist hochgiftig und darf nicht eingeatmet werden.

Hamstern bei Oldenburg
Die Städter brachten Wertsachen, wie zum Beispiel Schmuck, sil-
bernes Besteck und wertvolles Porzellan, zur ländlich wohnenden
Bevölkerung in der näheren Umgebung und bekamen dafür Nahrungsmittel.

Als bei den Bauern im nahen Umland nichts mehr zu bekommen
war, sahen die hungernden Menschen sich gezwungen, immer weiter aufs Land zu fahren.

Wir hörten davon, dass in der ländlichen Gegend um Oldenburg
noch genug Lebensmittel zu bekommen wären, da das Gebiet um
die Stadt Oldenburg überwiegend von Luftangriffen verschont wurde.
Wir hatten nichts zu tauschen, jedoch noch einige Reichsmark, für
die wir einige Lebensmittel kaufen wollten.

Nach einer kurzen Besprechung innerhalb der Familie stimmte man überein, dass Heinz, der Freund meiner älteren Schwester, und ich, die Fahrt unternehmen sollten.

Durch die Hausruinen liefen wir zum nahen Bahnhof, um zu erfahren wann ein Zug Richtung Oldenburg fährt. Es herrschten chaotische Zustände. Mir kam es vor, als ob alle Einwohner der Stadt am Bahnhof unterwegs wären. Rastlos eilten die Menschen umher und die Schwarzhändler verkauften heimlich begehrte Nahrungsmittel. Man versuchte zu organisieren, was für einen gerade nötig und wichtig war.

Der nächste Zug, der nach Oldenburg fuhr, sollte am nächsten Morgen zwischen sechs und sieben Uhr eintreffen. Eine genauere Uhrzeit war nicht zu erfahren. Die Züge hatten mit erheblichen Umleitungen zu rechnen, da viele Bahnstrecken und Brücken durch die Luftangriffe zerstört waren.

Am nächsten Tag machten wir uns zeitig auf den Weg. Wir hatten einen alten Militärrucksack und verschiedene Taschen und Tüten dabei.

Auf dem Bahnsteig erwarteten wir den Zug, der aus Richtung Aachen kommend einfuhr. Wir bestiegen einen Waggon und stellten erstaunt fest, dass es noch Sitzplätze gab. Ich schaute aus dem Fenster, als wir Richtung Ruhrgebiet fuhren und sicherheitshalber immer mal wieder auf unser leeres Gepäck. Auch leeres Gepäck war wertvoll. Wie sollte man sonst Dinge transportieren? Der Zug hielt an jedem kleinen Bahnhof und füllte sich von Station zu Station. Und nicht nur *in* den Waggons quetschten sich die Menschen. Einige Männer waren dabei, auf die Dächer der Waggons zu klettern. Oben

angekommen, reichten noch auf dem Bahnsteig stehende Bekannte
Koffer und Taschen nach oben. Einige Männer und Frauen standen
auf einer kleinen Trittkante, die außen an den Waggons entlanglief,
oder auf den Außentrittbrettern vor den Türen, und hielten sich fest,
wo sie Halt fanden. Ein Schaffner ging am Zug entlang und verschloss die Türen, indem er die Leute dahinter zusammendrückte.

© Bundesarchiv - Bild-F080295-0002 – Fotograf: Oberhauser

Als der Zug das Ruhrgebiet verließ, war er restlos überfüllt. Es ging
Richtung Cloppenburg im Oldenburger Land. Keine Frage, die Fahrgäste hatten alle das gleiche Ziel: sie wollten mit vollen Taschen und
Rucksäcke nach Hause fahren.
Heinz unterhielt sich mit Leuten, die diese Tour schon öfter gemacht
hatten. Sie gaben uns einen Tipp, in welchem Ort wir noch Bauern
treffen könnten, die bereit waren Lebensmittel zu verkaufen. Als
diese Leute ausstiegen, empfahlen sie uns, noch zwei Stationen
weiter zu fahren. Dieser Tipp war Gold wert. Als wir nach ungefähr

vier Stunden den Zug verließen gingen wir in das Dorf und trafen tatsächlich Bauersleute, denen wir Nahrungsmittel abkaufen konnten. Leider fallen mir die Namen des Dorfes oder der Familie nicht mehr ein, doch ich habe sie in dankbarer Erinnerung behalten.

Die netten Bauern erlaubten uns, soviel Obst zu essen, wie wir wollten und soviel mitzunehmen, wie wir schafften. Es war unvorstellbar. Es kam mir vor wie im Schlaraffenland. Ich habe soviel Birnen gegessen, dass ich später davon Durchfall bekommen habe.

Mit prall gefülltem Rucksack und schweren Taschen und Tüten, in denen Kartoffeln, Obst und sogar etwas Speck steckten, machten wir uns auf den Rückweg.

In dem kleinen Bahnhof erfuhren wir, dass der nächste Zug, der auch in Düsseldorf hielt, gegen sieben Uhr abends kommen sollte. Der darauf in dem kleinen Bahnhof einfahrende Zug war recht voll, doch wir konnten *in* einem Waggon mitfahren.
Meine Familie zu Hause war freudig überrascht, als wir unsere Schätze auf dem Küchentisch ausbreiteten.

Von Mund zu Mund sprach es sich rum, in welchem Ort ein Bauer besonders großzügig war oder welche Nahrungsmittel man wo bekommen konnte.

Wir haben diese Fahrten oft unternommen. Die Bauern bei Oldenburg hatten Mitleid mit der Stadtbevölkerung aus dem Rheinland. Oft bekamen wir Lebensmittel einfach geschenkt.

Bei den sogenannten *Hamsterfahrten* fühlte ich mich sehr unwohl. Wenn man *im* oder *auf* dem Zug keinen Platz mehr ergatterte, dann kam man schließlich nicht mehr zurück. Fahrkarten haben wir nie gelöst. Niemand hat die Passagiere danach gefragt. Niemand hat sich daran gestört, dass Leute auf dem Dach liegend reisten. Es gab keine richtige Ordnung und man hat alle Strapazen auf sich genommen, um etwas Essbares zu bekommen. Alles andere war egal.

Zum Kohlenklauen nach Derendorf

Einige Jungen aus meiner Nachbarschaft und ich erfuhren, dass auf den Gleisen neben der Ahnfeldstraße in Derendorf oft Waggons standen, die Kohlen geladen hatten. Die vielen Gleise gehörten zum Rangier- und Güterbahnhof Derendorf. Die Häuser in dieser Straße waren fast alle zerstört.

Durch die Trümmer kletterten wir in den Keller einer Hausruine und durchquerten diesen. Auf der Rückseite angekommen, standen wir unmittelbar vor den ersten Schienen. Darauf standen die Zuganhänger bis an den Rand mit Kohlen beladen. Sie warteten darauf, an eine Lok gehangen zu werden. Wir krochen unter einen Waggon und vergewisserten uns, dass wir niemandem aufgefallen sind. Auf der anderen Seite des Waggons krochen wir wieder hinaus und kletterten auf den Anhänger. Meine Freunde und ich stopften so schnell es ging Kohlebrocken in mitgebrachte Taschen und stiegen mit der Beute wieder herunter. Dann zurück durch den Keller, über die Trümmer und ab nach Hause.

Sicher war das verboten und daher falsch, was wir gemacht haben. Doch alle haben irgendwie lebensnotwendige Dinge organisiert, da die Menschen sehr unter dem Hunger und der Kälte litten. Meine Mutter war immer besorgt, weil es gefährlich war und wir liefen Gefahr, von der Bahnpolizei erwischt zu werden. Oft ist es passiert, dass sich ein Zug in Bewegung setzte, während wir dazwischen liefen. Darauf musste man vorbereitet sein und schnell zur Seite springen. Ein paar mal hat mich die Bahnpolizei verfolgt und mir die Kohlen wieder abgenommen. Einmal sogar noch in der Straßenbahn. Da ich sehr jung war, schimpfte man mich zwar aus, doch ich bekam keine ernsthafte Strafe.

Einmal, als wir uns wieder über die Kohlenanhänger hermachten, ist mein Freund Ludwig erwischt worden. Er ist nicht, wie wir anderen, auf den Kohlenanhänger geklettert, sondern hat ein Stück weiter eine Plombe von einem Waggon aufgebrochen, der Brot geladen hatte. Andere Kinder kamen noch hinzu und klauten aus dem Waggon was sie tragen konnten. Erst durch das Brüllen der Bahnpolizisten sind wir darauf aufmerksam geworden, dass sie erwischt wurden. Wir legten uns auf die Kohlen, damit wir nicht auch gesehen werden.

Ich habe Ludwig und die anderen Kinder wie verrückt schreien gehört. Die Bahnpolizisten haben sie heftig verprügelt. Ein paar Tage später habe ich ihn wieder gesehen. Noch immer war er grün und blau von den Schlägen.

Hinrichtung auf der Bismarckstraße
Ein ehemaliger politischer Gefangener, der im gleichen KZ gefangen war wie mein Onkel Peter, suchte eines Tages meine Mutter auf. Er erzählte ihr, wie er gehört hat, dass die Aufseher, die ihren Bruder im KZ erschlagen hatten in Düsseldorf lebten und in den Keller eines zerstörten Hauses in der Bismarckstraße gebracht wurden.

So sagte meine Mutter zu mir: „Auf der Bismarckstraße findet eine Verhandlung statt. Komm und geh mit mir dahin."

So betraten wir die Überreste des besagten Hauses. Im Keller führten Überlebende und Hinterbliebene von im KZ umgebrachten Menschen eine Verhandlung. Die Männer, die als Wachleute in dem KZ schlimmste Gräueltaten gegen die Gefangenen unternommen hatten, sollten mit dem Tode bestraft werden. Es wurde einheitlich beschlossen, die Wachleute zu erschießen. Meine Mutter schickte mich raus. Nach kurzer Zeit knallten mehrere Schüsse.
Ich dachte: ‚Es ist gut, dass die Männer geschnappt und erschossen wurden.'
In meinen Augen war das gerecht. Sie hatten schließlich meinen Onkel und viele andere Leute gequält und umgebracht.

Als meine Mutter wieder auf die Straße trat, gingen wir schweigend nach Hause.

Malerlehre
Am 1. Oktober 1945 wurden in Düsseldorf die höheren Schulen wieder eröffnet. Meine Eltern hatten mich erneut in der Knaben-Mittelschule an der Luisenstraße angemeldet. Doch leider wurde dieses Mal, unter der neuen Regierung, für niemanden das Schulgeld erlassen. Da mein Vater jedoch nur eine kleine Rente als Kriegsbeschädigter des ersten Weltkrieges bekam und wir eine große Familie waren, hatten meine Eltern nicht die finanziellen Mittel, um mir einen weiteren Schulbesuch zu ermöglichen.
Schade, ich wäre gerne Schiffsbauingenieur geworden. Das war ein großer Wunsch von mir.

Mein Freund Günter, der bei mir um die Ecke wohnte, arbeitete als Lehrling in einer Schlosserei am Schwanenmarkt, nicht weit von der Altstadt. Nebenan befand sich ein Handwerksbetrieb, den der Malermeister Becker führte. Von Günter erfuhr ich, dass Herr Becker einen Lehrjungen suchte. So stellte ich mich dort vor und bekam die Lehrstelle. Von nun an gingen Günter und ich jeden Morgen zusammen zur Arbeit. Er im blauen Overall und ich im weißen Maleranzug. Unsere Verpflegung von jeweils vier doppelten Butterbroten hatten wir auf dem fast zwei Kilometer langen Fußweg von zu Hause bis zum Schwanenmarkt schon aufgegessen.

Nach der Aufteilung Deutschlands in Besatzungszonen unterstand Düsseldorf der britischen Militärregierung. Herr Becker, der Malermeister, war mit einem Architekten bekannt, der nur für die Engländer gearbeitet hat. So kam es, dass wir den Auftrag erhielten, einige Räume in der Offiziersmesse der Engländer an der Graf-Adolf-Straße / Ecke Friedrichstraße zu renovieren. Wegen der Papierknappheit mussten die meisten Menschen Altpapier abgeben, um die Berechtigung zu erhalten, Papiertapeten zu kaufen. Im Tapetenhandel wurde das alte Papier gewogen und dementsprechend konnte man neue Rollen kaufen.

Doch weil wir die Offiziersmesse der Engländer renovierten, bekamen wir immer das Material, welches wir gerade brauchten.

Im Stadtteil Bilk befand sich ein Lager, in dem gegen einen Berechtigungsschein der englischen Besatzungsmacht Malerbedarf abgegeben wurde. Farben und so ziemlich alle Dinge, die mit Renovieren zu tun hatten. Mit diesen Materialien führten wir auch Renovierungsarbeiten in privaten Haushalten durch.

Mein Meister besaß eine einfache einachsige Handkarre, also mit jeweils einem Rad seitlich. Damit habe ich unseren Malerbedarf vom Lager in Bilk zur Werkstatt, und von dort aus zu den Arbeitsplätzen geschoben. Zu dieser Zeit also zur Offiziersmesse der Engländer. Bei weiter entfernten Einsätzen sind Pinsel und Farbeimer mit mir Straßenbahn gefahren.

Der Chefkoch I

Im Kellergeschoss der Offiziersmesse befand sich die große Küche. Ein Franzose war dort Chefkoch, mit einem Schnauzbart, der an beiden Enden spitz gezwirbelt war. Er hat oft gesehen, wie schwer ich geschuftet habe. Einmal hat er mich in ein Gespräch verwickelt. In gebrochenem Deutsch fragte er, wo ich lebe und wie groß meine Familie sei. Ich erzählte ihm, wie einfach wir lebten, weil wir ausgebombt worden waren. Und dass ich noch fünf Geschwister zu Hause hätte. Daraufhin bat er mich, nach Feierabend runter in die Küche zu kommen.

Der Geselle, Sohn meines Meisters, hat gesehen, wie ich später zur Küche runter lief.

Er rief: „Peter, wo läufst du hin?"

Ich erklärte: „Der Chefkoch hat mich gebeten, nach Feierabend in die Küche zu kommen."

Er rief hinter mir her: „Frag ihn mal, ob wir was zu Essen mit nach Hause nehmen können."

Als ich die Küche betrat, gab mir der Chefkoch in seinem gebrochen Deutsch zu verstehen, dass ich nach Einbruch der Dunkelheit zur Adersstraße an ein bestimmtes Kellerfenster kommen soll, das zur Offiziersmesse gehört.

Zur angegebenen Zeit wartete ich vor dem besagten niedrigen Fensterchen, das sich unten in der Hauswand befand. Der Flügel öffnete sich und der Chefkoch reichte mir eine Apfelsinenkiste nach oben heraus.
Diese war gefüllt mit Weißbrot, mit Speck, mit Eiern, eben mit dem allerfeinsten Essen. Ich traute meinen Augen kaum.

Er flüsterte mit seinem französischen Akzent: „Für die Kinder."

Fast jeden Abend habe ich eine Kiste voll Lebensmittel bekommen. Meine Eltern und Geschwister sind beinahe verrückt geworden, wenn ich damit nach Hause kam. Es waren die reinsten Delikatessen und gaben uns viel Lebensfreude.
Diesen Mann würde ich nie vergessen.

Ungefähr zwei Jahre lang hat mir der Chefkoch Lebensmittel für meine Familie mitgegeben. Jedes Mal, wenn wir einen Auftrag bekamen, um in der Offiziersmesse zu arbeiten. Und wir arbeiteten oft dort.

Mein Malermeister hat mich grundsätzlich nur dort arbeiten lassen, wo ich mittags mit Essen versorgt wurde.
Im ersten Lehrjahr habe ich fünfundzwanzig Reichsmark verdient, im zweiten fünfunddreißig und im dritten Lehrjahr fünfundvierzig Reichsmark. Wenn ich das Geld zu Hause abgeben wollte, hat

meine Mutter immer zu mir gesagt: „Behalte das Geld und kaufe dir, was du möchtest."

So habe ich mir gerne auf dem Schwarzmarkt für fünf Reichsmark ein Brötchen gekauft.

1949 bestand ich meine Gesellenprüfung. Die theoretische Prüfung fand in der Handwerkerinnung auf der Haroldstraße statt, die praktische Prüfung in der teilweise zerstörten Reitzensteinkaserne an der Graf-Recke-Straße.

Die Arbeit mit hochgiftigen und ätzenden Materialien wie Bleiweiß, Salzsäure und Terpentinöl verursachten bei mir Hautekzeme, Magengeschwüre, Lungenfibrose und einiges mehr. Nachdem mir ein Arzt Berufsverbot erteilte, gab ich also 1965 meinen erlernten Beruf auf. Schnell fand ich eine Anstellung als Fahrer bei der Firma Michelin, die mich nach siebenundzwanzig Jahren Zugehörigkeit als Niederlassungsleiterassistent in den wohlverdienten Ruhestand schickte.

Es geht wieder bergauf

Da ich immer noch sportbegeistert war, trat ich einem Fußballverein bei. Zunächst TuRU (Turn- und Rasensport Union 1880 e. V. Düsseldorf). Von Mitte der 1930er Jahre bis zur Mitte der 1940er Jahre spielte die TuRU in der obersten deutschen Spielklasse.

Später spielte ich beim Post Sportverein Düsseldorf Fußball. Ich erlebte eine schöne Zeit, eine intensive Zusammengehörigkeit. Alle standen praktisch vor dem Nichts und waren bemüht, das zerstörte Land wieder aufzubauen und eine Existenz zu schaffen.

Ich lernte meine jetzige Frau Margarete kennen und lieben. Wir bekamen zwei wohlgeratene Töchter und lebten und leben noch ein erfülltes Leben. Im Jahre 2004 waren wir fünfzig Jahre verheiratet

und feierten unsere Goldene Hochzeit. Nun steuern wir die Diaman-
tene Hochzeit an, die nach sechzig Ehejahren ansteht.

Der Chefkoch II

In den achtziger Jahren, nach meiner ungefähr zwanzigjährigen akti-
ven Fußballzeit, begann ich zu joggen.
Nach Feierabend, fuhr ich fast jeden Tag zum Volksgarten, um dort
Sport zu treiben.
Einmal kam mir ein Mann mit einem Hund entgegen, dessen mar-
kantes Gesicht mir sehr bekannt vorkam. Und tatsächlich erkannte
ich den Chefkoch von damals.

Ich stoppte vor ihm und sagte: „Nach Ihrem Schnauzbart zu urteilen,
sind Sie ein Franzose."

Er fragte erstaunt: „Was wollen Sie denn von mir?"

Ich antwortete mit einer Gegenfrage: „Haben Sie früher in einem
ehemaligen Hotel am Graf-Adolf-Platz als Chefkoch gearbeitet?"

Er ungeduldig: „Ja. Aber wer sind Sie denn?"

Ich sagte lachend: „Ich bin der kleine Anstreicher, dem Sie auf der
Adersstraße immer wenn wir dort arbeiteten was zu essen durch das
Kellerfenster geschoben haben."

Er schrie: „WAS!"

Uns sind die Tränen gekommen, vor lauter Freude, dass wir uns
wieder getroffen haben.

Oft, wenn ich im Volksgarten gelaufen bin, habe ich ihn dort getroffen, wenn er mit seinem Hund spazieren gegangen ist.

Nachwort

Zum Abschluss meiner Biografie möchte ich noch folgendes los werden:

Ich erzähle einen Teil meiner Kindheit, damit junge wie ältere Menschen ihre heutige Lebenssituation schätzen lernen, in der kein Krieg herrscht. Je bewusster wir uns machen, dass Friedenszeiten keine Selbstverständlichkeit sind, desto mehr sollten wir dafür sorgen, dass die friedvollen Zeiten erhalten bleiben.

Niemand muss sich für die Beschaffung von Nahrungsmittel in Gefahr begeben. Es ist möglich, in der eigenen Familie aufzuwachsen, in der man sich gegenseitig, unabhängig vom Alter, achten, respektieren und schätzen sollte.

Mit harter Arbeit habe ich nach dem Krieg Steine organisiert und bearbeitet, um in meiner Freizeit meinem Lehrmeister beim Aufbau der Werkstatt zu helfen.

Durch meinen erlernten Beruf habe ich mit Kollegen so manche Hausfassade renoviert und somit dazu beigetragen, dass das Stadtbild von Düsseldorf wieder sehenswert wird.

Egal, wie ausweglos oder unlösbar die Situation gerade ausschauen mag, man kann in den meisten Fällen etwas tun, um die Gegebenheiten besser zu gestalten. Aus meiner eigenen Erfahrung weiß ich, dass Entscheidungsfreude und harte Arbeit definitiv dazu beitragen, eine missliche Lage zu verbessern.

Mit dem festen Entschluss, die Kriegsschäden zu beseitigen, hat jeder gesunde Mensch, sowohl Männer, als auch Frauen und Kinder, nach dem Zweiten Weltkrieg dazu beigetragen, Deutschland wieder aufzubauen und für das sogenannte Wirtschaftwunder zu sorgen.

Mit Kreativität und Mut entscheidet jeder über sein eigenes Wirtschaftswunder.

133

Vom Ersten zum Zweiten Weltkrieg

Die ersten Zerstörungen im Stadtgebiet wurden von den
Nationalsozialisten selbst durchgeführt. In der sogenannten
"Reichspogromnacht" am 10. November 1938 wurden nicht nur
zahlreiche jüdische Wohnungen und Geschäfte verwüstet, sondern auch
die Synagogen in der Kasernenstraße und in Benrath in Brand gesteckt
und zerstört. Während der ersten Kriegsmonate blieb es in Düsseldorf
noch relativ ruhig. Ab Mai 1940 gab es die ersten Luftangriffe, bei
denen aber nur relativ wenige Bomben fielen und nur wenige Tote und
Verletzte zu beklagen waren. Erst 1942 nahmen die Angriffe zu, bei
denen ganze Bomberflotten auf Düsseldorf angesetzt waren. Ein
Großangriff fand in der Nacht vom 31.7. auf den 1.8.1942 statt, bei dem
vor allem die südlichen Stadtteile, die Friedrichstadt und die Stadtmitte
getroffen und ca. 290 Tote und über 1.000 Verletzte gezählt wurden. Ein
weiterer Angriff am 10.11.1942 traf die Altstadt und die Stadtmitte mit
132 Toten und 550 Verletzten. Weitere Großangriffe am 27.1.1943, am
12.6.1943, am 22.4.1944 und am 24.4.1944 forderten jeweils mehrere
hundert oder sogar Tausende Tote. Alles in allem wurden 243 Angriffe
gezählt, bei denen 5.863 Zivilpersonen ums Leben kamen. Der
Zerstörungsgrad, vor allem in der Innenstadt, war ausserordentlich hoch.
Von 176.000 Wohnungen wurde über die Hälfte, ca. 92.000, vernichtet.
Alle drei Rheinbrücken, darunter eine Eisenbahnbrücke, zahlreiche
Straßen, Hochwasserdeiche, Unter- und Überführungen sowie das
Entwässerungsnetz waren weitgehend zerstört worden. Die
Trümmermenge wurde auf ca. 10 Millionen Kubikmeter geschätzt. Die
Einwohnerzahl, die 1939 noch rund 540.000 betrug, ging auf rund
235.000 Einwohner am 17. April 1945 zurück. Düsseldorf war sieben
Wochen Frontstadt. Während das linksrheinische Gebiet von Düsseldorf
schon am 2.3.1945 durch die Amerikaner besetzt worden war, zogen
rechtsrheinisch erst am 17.4.1945, nach der Einschnürung des Ruhr-
kessels, amerikanische Truppen ein und besetzten die Stadt nahezu

kampflos. Noch einen Tag vor der Besetzung mussten einige tapfere Bürger, die diese kampflose Übergabe geplant hatten, ihr Leben lassen.

Nach dem Ende des Zweiten Weltkrieges war Düsseldorf *"eine Trümmerstadt, durch einen brückenlosen und durch zahlreiche Schiffswracke gesperrten Strom in zwei Teile getrennt, eine Stadt, in der Tausende von Menschen in Bunkern und Kellern wohnten, eine Großstadt, in der keine Straßenbahn fahren konnte, eine Stadt, deren Bewohner durch die Schrecken des Krieges erschüttert und nach der politischen Verirrung mutlos geworden waren, eine Stadt, in der Hunger und Not herrschten und Verwahrlosung und Demoralisierung zu einer immer größeren Unsicherheit führten, eine Stadt, in der primitivste Regeln der Hygiene vielfach nicht mehr beachtet werden konnten, in der die notwendigsten Gebrauchsgegenstände fehlten und selbst keine Särge mehr für die Toten vorhanden waren, das war das traurige Erbe, das diejenigen vorfanden, die sich für die Wiederingangsetzung und den Wiederaufbau der städtischen Verwaltung einsetzten und damit unserem schwer heimgesuchten Düsseldorf die erste und wichtigste Hilfe leisteten."* So steht es 1949 im ersten Verwaltungsbericht der Stadt nach dem Krieg.

Nach dem Ende des Zweiten Weltkrieges dauerte es einige Zeit, bis die schlimmsten Kriegsfolgen überwunden waren. Die Stadt war ein Trümmerfeld, über die Hälfte der Bevölkerung war ermordet oder deportiert, gefallen, in Bombenkrieg und Artilleriebeschuss umgekommen oder vor den Schrecken des Krieges aus der Stadt geflohen. Jede staatliche Macht war aufgelöst. Hunger, Sorge um eine Unterkunft und vermisste Familienangehörige und Angst vor einer ungewissen Zukunft prägten das tägliche Leben der Bevölkerung. Erschwert wurde die Lage noch dadurch, dass zahlreiche noch intakte Gebäude in der Stadt von der Besatzung beschlagnahmt worden waren und mit der Demontage großer Werke zahlreiche noch vorhandene Arbeitsplätze verloren gingen.

Das kommunale Leben begann schon im Juni 1945 mit der Einsetzung eines Vertrauensausschusses der Bürgerschaft durch die Besatzungsbehörden, der zunächst von Dr. Füllenbach, dann von Walter Kolb als Oberbürgermeister der Stadt geleitet wurde. Die Jahre 1945 bis 1947, ja, bis 1950, standen ganz im Zeichen der Beseitigung von Trümmern, der Wiederherstellung des Straßennetzes, der Versorgungsleitungen und der Kanalisation, des Baus erster Brücken über den Rhein, der Einrichtung von Straßenbahnen und Bahnlinien. In einem Wohnungsnotprogramm, das die Stadt von 1945 bis 1947 durchführte, wurden über 11.000 Wohnräume erstellt und über 65.000 behelfsmäßig winterfest gemacht. Viele dieser Gebäude mussten allerdings in den nächsten Jahren wegen akuter Einsturzgefahr wieder geräumt werden. War die Zahl der Bewohner im März 1945 auf 235.000 herabgesunken, so wurden 1949 schon wieder 466.000 Einwohner in Düsseldorf gezählt. Trotz der bedrückenden äusseren Verhältnisse und obwohl die Not in der Stadt fast unerträglich war, kündigte sich schon vor der Währungsreform am 20. Juni 1948 ein Aufstieg der Stadt an. Das im Januar 1946 gegründete städtische Werbe- und Verkehrsamt konnte schon 1946 mehrere Tagungen in der Stadt durchführen, wobei auswärtige Gäste in dürftig hergerichteten Hotelschiffen unterkamen. 1946 wurde auch die Ausstellungsgesellschaft NOWEA gegründet, die im Herbst 1947 die Deutsche Presseausstellung durchführte.

Zitat aus dem Landesarchiv Düsseldorf. Stand: 27. Oktober 2011
http://www.duesseldorf.de/stadtarchiv/stadtgeschichte/gestern_heute/b_12_
stadtgeschichte.shtml (abgerufen am 27. Oktober 2011)

Auf der gleichen Webseite sind Fotos zu finden, die Düsseldorf vor, während und nach dem Zweiten Weltkrieg zeigen.
http://www.duesseldorf.de/stadtarchiv/stadtgeschichte/gestern_heute/data_b
ilddokumentation/index.shtml